AF532222

Rudolf Steiner

Die Nebenübungen

Rudolf Steiner

Die Nebenübungen

SECHS SCHRITTE ZUR SELBSTERZIEHUNG

Ausgewählt und herausgegeben
von Ateş Baydur

RUDOLF STEINER VERLAG

7. Auflage 2022

Buchgestaltung: Finken & Bumiller, Stuttgart,
unter Verwendung einer Skizze von Rudolf Steiner
Druck: Beltz, Bad Langensalza
ISBN 978-3-7274-5295-6
www.steinerverlag.com

INHALT

ZU DIESEM BUCH

Die sogenannten Nebenübungen sind für den durch Rudolf Steiner gegebenen Erkenntnisweg von zentraler Bedeutung. Von Anbeginn seiner esoterischen Lehrtätigkeit hat Rudolf Steiner sie seinen Schülern gegeben. Sie sollten *neben* den Hauptübungen der Meditation und Konzentration ausgeführt werden. Immer wieder wies er auf die Wichtigkeit der Nebenübungen hin, da sie schädliche Wirkungen der Meditationspraxis auszugleichen und der Seele innere Sicherheit und Festigkeit zu verleihen vermögen. Dass die Nebenübungen auch allein, für sich genommen, von unschätzbar wohltuender und heilsamer Wirkung für das tägliche Leben sind, weiß derjenige, für den sie zu einem ständigen Begleiter geworden sind.

In sechs Stufen lassen sich zunächst die Eigenschaften Gedankenkontrolle, Willensinitiative, Gleichmut, Positivität, Unbefangenheit und seelisches Gleichgewicht üben. Es ist dies ein Weg der Selbsterkenntnis und Selbsterziehung, der sich als Quelle innerer Kraft und seelischer Gesundheit erweist, was sich bald schon im täglichen Leben bemerkbar macht. So kann das stetige Üben zu einem natürlichen Bedürfnis werden.

Immer neue Entdeckungen warten auf den Übenden. So kann er die Erfahrung machen, dass er durch die Übungen nicht bloß neue Eigenschaften heranbildet, die er seiner bestehenden Persönlichkeit lediglich hinzufügt. Vielmehr mag es ihm scheinen, als stelle er sich durch jede einzelne Übung in eine geistige Wirklichkeit hinein, an der er nun Anteil hat. Ein Teil seiner selbst, der vorher noch im Verborgenen war, tritt in seine Wirksamkeit und wird zum eigentlichen Ausgangspunkt der Lebensführung. Ein solches Üben kann dann als der Vorgang einer geistigen Geburt erlebt werden.

Die Nebenübungen bilden einen Organismus. Jede einzelne Übung setzt die in den vorangegangenen Übungen errungenen Fähigkeiten voraus. So ist es im Fortschreiten entscheidend, das Bisherige richtig verstanden und ausgeführt zu haben. Die vorliegende Zusammenstellung möglichst aller einschlägigen Wortlaute aus dem Gesamtwerk Rudolf Steiners zu den Nebenübungen kann dabei hilfreich sein: Die verschiedenen Aspekte der zum Teil sich wiederholenden und doch voneinander abweichenden Wortlaute können immer wieder neu Anregungen bieten, die Übungen konkret auszuführen.

Vollständigkeit ist hinsichtlich derjenigen Zitate angestrebt worden, in denen das Ausführen der Übungen erläutert wird. Aus den zahlreichen sonstigen Äußerungen über die Bedeutung der Nebenübungen im Gesamtwerk wurde eine repräsentative Auswahl getroffen.

Für die vorliegende Sammlung wurden die einzelnen Wortlaute aus ihrem ursprünglichen Zusammenhang herausgenommen. Wer dies zu berücksichtigen weiß, wird jedoch gerade in ihrem neuen Nebeneinander im Kontext der jeweiligen Übung seinen Nutzen ziehen.

Nach dem Erscheinen seiner *Geheimwissenschaft im Umriss* im Jahre 1910 hat Rudolf Steiner für die Nebenübungen zumeist auf diese Schrift verwiesen. Die

Wortlaute daraus sind hier daher jeweils an den Anfang jedes Hauptkapitels gestellt. Daran schließen im ersten Abschnitt Textstellen aus dem übrigen geschriebenen Werk Rudolf Steiners an. In einem zweiten Abschnitt finden sich in chronologischer Folge Stellen zu den Nebenübungen, die den Vorträgen entnommen sind. Im dritten Abschnitt werden Wortlaute aus den Esoterischen Stunden wiedergegeben. Dieser Abschnitt beginnt jeweils mit den Ausschnitten aus den schriftlichen Anweisungen Rudolf Steiners, die er 1906 niederschrieb: *«Allgemeine Anforderungen, die ein jeder an sich selbst stellen muss, der eine okkulte Entwicklung durchmachen will»* (in der Quellenangabe direkt nach der jeweiligen Passage kurz mit *«Allgemeine Anforderungen»* bezeichnet).

An manchen Stellen im Gesamtwerk werden die Nebenübungen lediglich aufgezählt. Auch diese Aufzählungen können aufschlussreich sein, da Rudolf Steiner den Übungen oft abweichende Namen gibt. So ist eine Auswahl solcher Bezeichnungen dem jeweiligen Kapitel vorangestellt.

Für das letzte Kapitel wurden Wortlaute ausgewählt, die einzelne Aspekte der Nebenübungen beleuchten.

Über den Charakter der Vortragsmitschriften kann sich jeder durch die Rudolf Steiner Gesamtausgabe informieren. Insbesondere sei darauf hingewiesen, dass es sich bei den Inhalten der Esoterischen Stunden, die innerhalb der Esoterischen Schule von 1904 bis 1914 gehalten wurden, um nachträgliche Gedächtnisaufzeichnungen der Teilnehmer handelt. Wie stark sie voneinander abweichen, wird durch die verschiedenen Aufzeichnungen derselben Stunde deutlich.

Ateş Baydur

ERÖFFNUNG

Von einer sachgemäßen Schulung werden gewisse Eigenschaften genannt, welche sich durch Übung derjenige erwerben soll, welcher den Weg in die höheren Welten finden will. Es sind dies vor allem: Herrschaft der Seele über ihre Gedankenführung, über ihren Willen und ihre Gefühle. Die Art, wie diese Herrschaft durch Übung herbeigeführt werden soll, hat ein zweifaches Ziel. Einerseits soll der Seele dadurch Festigkeit, Sicherheit und Gleichgewicht so weit eingeprägt werden, dass sie sich diese Eigenschaften bewahrt, auch wenn ein zweites Ich aus ihr geboren wird. Andrerseits soll diesem zweiten Ich Stärke und innerer Halt mit auf den Weg gegeben werden.

(Die Geheimwissenschaft im Umriss, 1910)

In dem Folgenden werden die Bedingungen dargestellt, die einer okkulten Entwicklung zugrunde liegen müssen. Es sollte niemand denken, dass er durch irgendwelche Maßnahmen des äußeren oder inneren Lebens vorwärts kommen könne, wenn er diese Bedingungen nicht erfüllt. Alle Meditations- und Konzentrations- und sonstigen Übungen werden wertlos, ja, in einer gewissen Beziehung sogar schädlich sein, wenn das Leben nicht im Sinne dieser Bedingungen sich regelt. Man kann dem Menschen keine Kräfte geben; man kann nur die in ihm schon liegenden zur Entwicklung bringen. Sie entwickeln sich nicht von selbst, weil es äußere und innere Hindernisse für sie gibt. Die äußeren Hindernisse werden behoben durch die folgenden Lebensregeln. Die inneren durch die besonderen Anweisungen über Meditation und Konzentration usw.

(Allgemeine Anforderungen, Oktober 1906)

ERSTE NEBENÜBUNG

Gedankenkontrolle
Regelung des Gedankenlaufes
Herrschaft über die Gedankenführung
Sachlichkeit
Konzentration
Gedankenkonzentration

Was dem Denken des Menschen für die Geistesschulung vor allem notwendig ist, das ist Sachlichkeit. In der physisch-sinnlichen Welt ist das Leben der große Lehrmeister für das menschliche Ich zur Sachlichkeit. Wollte die Seele in beliebiger Weise die Gedanken hin und her schweifen lassen: sie müsste alsbald sich von dem Leben korrigieren lassen, wenn sie mit ihm nicht in Konflikt kommen wollte. Die Seele muss entsprechend dem Verlauf der Tatsachen des Lebens denken. Wenn nun der Mensch die Aufmerksamkeit von der physisch-sinnlichen Welt ablenkt, so fehlt ihm die Zwangskorrektur der letzteren. Ist dann sein Denken nicht imstande, sein eigener Korrektor zu sein, so muss es ins Irrlichtelieren kommen. Deshalb muss das Denken des Geistesschülers sich so üben, dass es sich selber Richtung und Ziel geben kann. Innere Festigkeit und die Fähigkeit, streng bei einem Gegenstande zu bleiben, das ist, was das Denken in sich selbst heranziehen muss. Deshalb sollen entsprechende «Denkübungen» nicht an fern liegenden und komplizierten Gegenständen vorgenommen werden, sondern an einfachen und nahe liegenden. Wer sich überwindet, durch Monate hindurch täglich wenigstens fünf Minuten seine Gedanken an einen alltäglichen Gegenstand (zum Beispiel eine Stecknadel, einen Bleistift usw.) zu wenden und während dieser Zeit alle Gedanken auszuschließen, welche nicht mit diesem Gegenstande zusammenhängen, der hat nach dieser Richtung hin viel getan. (Man kann täglich einen neuen Gegenstand bedenken oder mehrere Tage einen festhalten.) Auch derjenige, welcher sich als «Denker» durch wissenschaftliche Schulung fühlt, sollte es nicht verschmähen, sich in solcher Art für die Geistesschulung «reif» zu machen. Denn wenn man eine Zeitlang die Gedanken heftet an etwas, was einem ganz bekannt ist, so kann man sicher sein, dass man sachgemäß denkt. Wer sich frägt: Welche Bestandteile setzen einen Bleistift zusammen? Wie werden die Materialien zu dem Bleistift vorgearbeitet? Wie werden sie nachher zusammengefügt? Wann wurden die Bleistifte erfunden? Und so weiter, und so weiter: ein solcher passt seine Vorstellungen sicher mehr der Wirklichkeit an als derjenige, der darüber nachdenkt, wie die Abstammung des Menschen ist oder was das Leben ist. Man lernt durch *einfache Denkübungen* für ein sachgemäßes Vorstellen gegenüber der Welt der Saturn-, Sonnen- und Mondenentwicklung mehr als durch komplizierte und gelehrte Ideen. Denn zunächst handelt es sich gar nicht darum, über dieses oder jenes zu denken, sondern *sachgemäß durch innere Kraft* zu denken. Hat man sich die Sachgemäßheit anerzogen an einem leicht überschaubaren sinnlich-physischen Vorgang, dann gewöhnt sich das Denken daran, auch sachgemäß sein zu wollen, wenn es sich nicht durch die physisch-sinnliche Welt und ihre Gesetze beherrscht fühlt. Und man gewöhnt es sich ab, unsachgemäß die Gedanken schwärmen zu lassen.

(Die Geheimwissenschaft im Umriss, 1910)

Das Erste, was in dieser Beziehung der Geheimschüler beobachtet, ist die Regelung seines Gedankenlaufes (die sogenannte Gedankenkontrolle). So wie die sechzehnblättrige Lotusblume durch wahre, bedeutungsvolle Gedanken zur Entwicklung kommt, so die zwölfblättrige durch innere Beherrschung des Gedankenverlaufes. Irrlichtelierende Gedanken, die nicht in sinngemäßer, logischer Weise, sondern rein zufällig aneinandergefügt sind, verderben die Form dieser Lotusblume. Je mehr ein Gedanke aus dem anderen folgt, je mehr allem Unlogischen aus dem Wege gegangen wird, desto mehr erhält dieses Sinnesorgan die ihm entsprechende Form. Hört der Geheimschüler unlogische Gedanken, so lässt er sich sogleich das Richtige durch den Kopf gehen. Er soll nicht lieblos sich einer vielleicht unlogischen Umgebung entziehen, um seine Entwicklung zu fördern. Er soll auch nicht den Drang in sich fühlen, alles Unlogische in seiner Umgebung sofort zu korrigieren. Er wird vielmehr ganz still in seinem Innern die von außen auf ihn einstürmenden Gedanken in eine logische, sinngemäße Richtung bringen. Und er bestrebt sich, in seinen eigenen Gedanken überall diese Richtung einzuhalten.

(Wie erlangt man Erkenntnisse der höheren Welten?, 1905)

Kontrolle der Gedankenwelt erreicht man, wenn man sich bemüht, dem Irrlichtelieren der Gedanken und Empfindungen, die beim gewöhnlichen Menschen immer auf- und abwogen, entgegenzuarbeiten. Im alltäglichen Leben ist der Mensch nicht der Führer seiner Gedanken; sondern er wird von ihnen getrieben. Das kann natürlich auch gar nicht anders sein. Denn das Leben treibt den Menschen. Und er muss als ein Wirkender sich diesem Treiben des Lebens überlassen. Während des *gewöhnlichen* Lebens wird das gar nicht anders sein können. Will man aber in eine höhere Welt aufsteigen, so muss man sich wenigstens ganz kurze Zeiten aussondern, in denen man sich zum Herrn seiner Gedanken- und Empfindungswelt macht. Man stellt da einen Gedanken aus völliger innerer Freiheit in den Mittelpunkt seiner Seele, während sich sonst die Vorstellungen von außen aufdrängen. Dann versucht man alle aufsteigenden Gedanken und Gefühle fernzuhalten und nur das mit dem ersten Gedanken zu verbinden, von dem man selbst will, dass es dazu gehöre. Eine solche Übung wirkt wohltätig auf die Seele und dadurch auch auf den Leib. Sie bringt den letzteren in eine solche harmonische Verfassung, dass er sich schädlichen Einflüssen entzieht, wenn die Seele auch nicht unmittelbar auf ihn wirkt.

(Die Stufen der höheren Erkenntnis, 1906)

*

a) Gedankenkontrolle. Der Chela darf sich nicht gestatten, die Dinge nur von *einem* Gesichtspunkt aus anzusehen. Wir fassen einen Gedanken, halten ihn für wahr, während er doch nur von dem einen Aspekt oder Gesichtspunkt aus wahr ist; wir müssen ihn später auch von dem entgegengesetzten Gesichtspunkt aus betrachten und jedem Avers auch zugleich den Revers entgegenhalten. Nur so lernen wir einen Gedanken durch den anderen zu kontrollieren.

(Berlin-Schlachtensee, Sommer 1903)

Dann müssen wir eine Reihe von Eigenschaften entwickeln. Dazu gehört in erster Linie, dass wir Herr unserer Gedanken werden, namentlich der Gedankenfolge. Man nennt das Kontrolle der Gedanken. Überlegen Sie sich einmal, wie in der Seele des Menschen die Gedanken hin- und herschwirren, wie sie drinnen herumirrlichtelieren: da tritt ein Eindruck auf, dort ein anderer, und jeder einzelne verändert den Gedanken. Es ist nicht wahr, dass wir den Gedanken in der Hand haben, vielmehr beherrschen uns die Gedanken ganz und gar. Wir müssen aber so weit kommen, dass wir während einer gewissen Zeit des Tages uns in einen bestimmten Gedanken versenken und uns sagen: Kein anderer Gedanke darf in unsere Seele einziehen und uns beherrschen. – Damit führen wir selbst die Zügel des Gedankenlebens für einige Zeit.

(Berlin, 7. Dezember 1905)

Heute ist der Mensch jedem Einfall hingegeben; er muss aber selbst derjenige sein, der seinen Gedanken gegenüber die Zügel führt. Dann bringt er Rhythmus in sich hinein.

(Berlin, 19. April 1906)

Erstens: Seine Gedankenkraft auf ein einziges Objekt richten und sie darauf ruhen lassen. Das nennt man: die Gedankenkontrolle erwerben.

(Paris, 30. Mai 1906)

Erstens: Gedankenkontrolle, das heißt, der Schüler darf nur die Gedanken in sich hineinkommen lassen, die er selbst haben will. Diese Übungen erfordern viel Geduld und Ausdauer. Aber wenn man sie nur fünf Minuten lang täglich übt, sind sie schon von Bedeutung für das innere Leben.

(Leipzig, 9. Juli 1906)

Gedankenkontrolle. Sie besteht darin, dass man wenigstens für kurze Zeiten des Tages nicht alles Mögliche durch die Seele irrlichtelieren lässt, sondern einmal Ruhe in seinem Gedankenlaufe eintreten lässt. Man denkt an einen bestimmten Begriff, stellt diesen Begriff in den Mittelpunkt seines Gedankenlebens und reiht hierauf selbst alle Gedanken logisch so aneinander, dass sie sich an diesen Begriff anlehnen. Und wenn das auch nur eine Minute geschieht, so ist es schon von großer Bedeutung für den Rhythmus des physischen und Ätherleibes.

(Stuttgart, 2. September 1906)

Erstens: Abgewöhnung eines irrlichtelierenden Denkens. Dies scheint eine leichte Bedingung zu sein, ist aber in Wirklichkeit schwer. Wir werden von äußeren Eindrücken gejagt und getrieben. Zum wenigsten fünf Minuten des Tages sollte der Mensch völlig Herr über seine Gedankenfolge sein. Als Übung kann man zum Beispiel versuchen, eine einzige Vorstellung in den Mittelpunkt des Bewusstseins zu stellen. Dann darf durchaus nichts anderes mit dieser Vorstellung verbunden werden, so viel sich unwillkürlich daran reihen möge, als was ich durch freien Entschluss selber damit verbinde. Derlei Übungen sollten mit verschiedensten Gegenständen angestellt werden. Nach einiger Zeit stellt sich dann ein kontrollierteres Denken ein, das sich äußerlich schon in der präziseren Sprache ausdrückt.

(Basel, 19. September 1906)

Erstens muss er sich die Fähigkeit aneignen, seine Gedanken strenge zu kontrollieren. Er muss sich üben, einen Gedanken lange in den Mittelpunkt des Seelenlebens zu stellen, je intensiver, desto besser. Der Übende muss beim Gegenstand bleiben und alle Gedanken daran reihen. Diese Übung muss täglich wenigstens fünf Minuten lang vorgenommen werden. Je mehr, desto besser, nur darf man sich nicht damit übernehmen.

(Wien, 22. Februar 1907)

Da ist eines, was man von Anfang an üben muss: Konzentration, Konzentration des Gedankenlebens. Bedenken Sie einmal, wie die Gedanken in Ihnen irrlichtelieren vom Morgen bis zum Abend! Da und dorther kommen Ihnen Gedanken und ziehen Sie mit sich fort. Nun müssen Sie sich als Rosenkreuzerschüler eine Zeit aussondern, wo Sie Herr der Gedanken sind, wo Sie sich einen möglichst uninteressanten Gegenstand nehmen und darüber nachdenken. Davon werden Sie eine ungeheuer wohltuende Wirkung für sich haben. Die Zeit spielt keine Rolle; Energie, Geduld und Ausdauer sind dabei notwendig.

(Kassel, 29. Juni 1907)

Wenn es heißt: Du musst dich hinsetzen, einen gewöhnlichen Gedanken nehmen und keinen anderen Gedanken zulassen, ihn mit Abweisung aller anderen Gedanken möglichst intensiv denken –, so muss der Mensch eine gewisse innere Überwindung aufwenden; auf diese Überwindung kommt es an. Nicht der Gegenstand soll da interessieren und fesseln. Leicht ist es zum Beispiel, an Napoleon zu denken, sehr schwer aber durch längere Zeit ununterbrochen an ein Zündhölzchen etwa zu denken. Das ist das ganz Wesentliche dabei. Dann werden Sie schon sehen, wie Sie nach einiger Zeit eine gewisse innere Kraft und Sicherheit erhalten. Man fühlt dann schon an einem inneren Erlebnis, ob es seine Wirkung getan hat.

(Wien, 7. November 1907)

Gedankenkonzentration, das heißt starkes Anspannen seiner Gedanken, konzentriertes Zusammenfassen seiner Gedanken [...]

(Den Haag, 29. März 1913)

*

Die erste Bedingung ist die Aneignung eines vollkommen klaren Denkens. Man muss zu diesem Zweck sich, wenn auch nur eine ganz kurze Zeit des Tages, etwa fünf Minuten (je mehr, desto besser) freimachen von dem Irrlichtelieren der Gedanken. Man muss Herr in seiner Gedankenwelt werden. Man ist nicht Herr, wenn äußere Verhältnisse, Beruf, irgendwelche Tradition, gesellschaftliche Verhältnisse, ja, selbst die Zugehörigkeit zu einem gewissen Volkstum, wenn Tageszeit, bestimmte Verrichtungen usw. usw. bestimmen, dass man einen Gedanken hat, und wie man ihn ausspinnt. Man muss sich also in obiger Zeit ganz nach freiem Willen leer machen in der Seele von dem gewöhnlichen, alltäglichen Gedankenablauf und sich aus eigener Initiative einen Gedanken in den Mittelpunkt der Seele rücken. Man braucht nicht zu glauben, dass dies ein hervorragender oder interessanter Gedanke sein muss; was in okkulter Beziehung erreicht werden soll, wird sogar besser erreicht, wenn man anfangs sich bestrebt, einen möglichst uninteressanten und unbedeutenden Gedanken zu wählen. Dadurch wird die selbsttätige Kraft des Denkens, auf die es ankommt, mehr erregt, während bei einem Gedanken, der interessant ist, dieser selbst das Denken fortreißt. Es ist besser, wenn diese Bedingung der Gedankenkontrolle mit einer Stecknadel, als wenn sie mit Napoleon dem Großen vorgenommen wird. Man sagt sich: Ich gehe jetzt von diesem Gedanken aus und reihe an ihn durch eigenste innere Initiative alles, was sachgemäß mit ihm verbunden werden kann. Der Gedanke soll dabei am Ende des Zeitraumes noch ebenso farbenvoll und lebhaft vor der Seele stehen wie am Anfang. Man mache diese Übung Tag für Tag, mindestens einen Monat hindurch; man kann jeden Tag einen neuen Gedanken vornehmen; man kann aber auch einen Gedanken mehrere Tage festhalten. Am Ende einer solchen Übung versuche man, das innere Gefühl von Festigkeit und Sicherheit, das man bei subtiler Aufmerksamkeit auf die eigene Seele bald bemerken wird, sich voll zum Bewusstsein zu bringen, und dann beschließe man die Übungen dadurch, dass man an sein Haupt und an die Mitte des Rückens (Hirn und Rückenmark) denkt, so wie wenn man jenes Gefühl in diesen Körperteil hineingießen wollte.

(Allgemeine Anforderungen, Oktober 1906)

Die Erste dieser Nebenübungen ist die *Gedankenkontrolle*. Man nimmt einen Gegenstand, über den man fünf Minuten nachzudenken versucht, ohne dass ein anderer Gedanke sich dazwischen drängt. Dann muss sich ein bestimmtes Gefühl einstellen, das man dann in den Leib gießt. Der Gegenstand ist als Übung umso nützlicher, je uninteressanter er uns ist, da das Festhalten desselben während fünf Minuten dann Mühe macht.

(Stuttgart, 20. Januar 1907)

Die erste Nebenübung ist die, dass man einmal des Tages, wenn man gerade ein ungestörtes Stündchen hat, selbst einen Gedanken in den Mittelpunkt des Denkens rückt und mindestens fünf Minuten bei diesem verharrt. Man soll sich hier für den Anfang möglichst einfache, scheinbar inhaltlose Vorstellungen wählen und alles in ruhiger Folge denken, was sich darüber und im Anschluss daran denken lässt. Wenn man einen interessanten Gegenstand wählt, so haften die Gedanken ganz von selbst lange daran. Wählt man aber zum Beispiel ein Zündhölzchen, so muss man sich recht anstrengen, um längere Zeit darüber nachdenken zu können. Und gerade diese Anstrengung ruft die Kräfte der Seele wach. Man denkt da etwa folgendes: Wie sieht ein Zündhölzchen aus? Welche Arten von Zündhölzchen gibt es? Wie werden sie gemacht? Wozu dienen sie? Wo werden sie aufbewahrt? Welchen Schaden können sie anrichten? Und so weiter. Wenn man diese Übung macht, so wird man nach einiger Zeit nach der Übung ein Gefühl innerer

Sicherheit und Festigkeit fühlen. Es ist dies ein ganz spezifisches Gefühl. Dessen suche man sich ganz bewusst zu werden und gieße es dann, wie wenn es Wasser wäre, in Haupt und Rückenmark. Diese Übung muss man täglich machen, mindestens vier Wochen lang. Man kann diese Übung aber auch monatelang machen, bis man fühlt, dass sie gute Früchte trägt.

(Berlin, 29. Januar 1907)

1. *Gedankenkontrolle:* Wenigstens fünf Minuten soll man sich täglich freimachen und über einen möglichst unbedeutenden Gegenstand, der einen von vornherein gar nicht interessiert, nachdenken, indem man logisch alles aneinanderknüpft, was sich über den Gegenstand denken lässt. Es ist wichtig, dass es ein unbedeutender Gegenstand sei, denn gerade der Zwang, den man sich dann antun muss, um lange bei ihm zu verharren, ist es, der die schlummernden Fähigkeiten der Seele weckt. Nach einiger Zeit bemerkt man dann in der Seele ein Gefühl von Festigkeit und Sicherheit. Nun muss man sich aber nicht vorstellen, dass dies Gefühl einen heftig überrumpele. Nein, es ist dies ein ganz feines, subtiles Gefühl, das man erlauschen muss. Diejenigen, die behaupten, sie könnten absolut dies Gefühl nicht in sich verspüren, gleichen zumeist denen, die ausgehen, um unter vielen anderen Gegenständen einen ganz kleinen, feinen Gegenstand zu suchen. Sie suchen zwar, aber nur so obenhin, und da können sie den kleinen Gegenstand nicht finden, sondern übersehen ihn. Ganz still in sich

hineinlauschen muss man, dann empfindet man dies Gefühl, und zwar tritt es hauptsächlich im vorderen Teil des Kopfes auf. Hat man es dort verspürt, so gießt man es in Gedanken ins Gehirn und ins Rückenmark. Allmählich meint man dann, es gingen Strahlen aus vom Vorderkopfe bis ins Rückenmark hinein.

(München, 6. Juni 1907)

1. *Gedankenkontrolle:* Man nimmt sich dazu einen unbedeutenden Gegenstand, da es auf die Anstrengung, die die inneren Kräfte hervorholt, ankommt und nicht auf das Interesse von uns für den Gegenstand. Als Beispiel wird gegeben: ein Zündholz, eine Haarnadel, eine Stahlfeder etc. Man kann sich fragen: Wie ist der Gegenstand entstanden, aus was besteht er, wie wird er hergestellt, wo wird er hergestellt, was wäre, wenn der Gegenstand nicht in der Welt wäre?

Je mehr Ihr Euch anstrengen und überwinden müsst, je besser ist es.

Es ist derselbe Fall, wie damals, als das Auge entstand! –

Fünf Minuten einen Gegenstand festhalten, der einen nicht interessiert, darauf kommt es an; da seid Ihr froh, wenn Ihr ihn fallen lassen dürft.

(München, 6. Juni 1907)

1. *Konzentration.* Man nehme einen Gegenstand, am besten einen unbedeutenden, der uns nicht durch sich selbst fesselt, sondern an den wir uns durch unsere Auf-

merksamkeit fesseln müssen. Man denke über diesen Gegenstand nach, mindestens fünf Minuten lang, ohne auf andere Dinge überzugehen, stets dasselbe in Gedanken festhaltend. Man kann sich dafür vorbereiten, indem man sich vorher mit dem Gegenstand näher bekannt macht. Nach einigen Tagen kann man einen anderen Gegenstand wählen.

Diese Übung erweckt in dem Schüler ein Gefühl der Festigkeit, indem dadurch das Chakram zwischen den Augenbrauen in Tätigkeit versetzt wird. Dieses Gefühl soll man von dort aus durch das Gehirn in das Rückgrat hineinsenden.

(Stuttgart, 13. August 1908)

Woher kommt es denn, dass man seinen physischen Körper so wenig kennt? Weil man in ihm lebt und ihn nur empfindungsmäßig wahrnimmt. Man sieht mit dem Auge, daher kann man es nicht beobachten. Der Esoteriker muss dazu gelangen, sich mit seinem Geistig-Seelischen zurückzuziehen, frei zu machen vom Physischen. Dann wird es ihm gelingen, seinen physischen Körper zu beobachten. Es verhilft uns dazu, wenn wir unsere Gedanken möglichst auf einen Punkt zusammenziehen, konzentrieren und in diesem Punkt dann untertauchen, für eine Zeitlang darin leben. Durch solche Konzentration tritt eine Verstärkung der Denkkraft ein und durch sie kann man allmählich dahin gelangen, seinen physischen Körper zu beobachten.

(Leipzig, 2. Januar 1914)

I. Durch konzentriertes Denken, durch unsere Konzentrationsübungen werden wir uns allmählich von unserem physischen Leib als von etwas Äußerem bewusst, wir fühlen es als etwas, was da ist und was gewissermaßen zu uns gehört.

(Leipzig, 2. Januar 1914)

Wenn man bei der Konzentration, der ersten Nebenübung, sich ganz nur mit dem einen Gegenstand, den man dazu gewählt hat – je alltäglicher, desto besser –, beschäftigt, Gedanke nach Gedanke an ihn reiht und dann, wenn diese Übung zu Ende ist und man sich nicht sofort wieder in geschäftiges Treiben stürzt, wenigstens eine Viertelstunde verstreichen lässt, dann wird man – auch nicht gleich, nicht nach einer Woche, einem Monat, aber nach einiger Zeit fortgesetzter ernster Übung – fühlen, wie wenn wellenförmig etwas in den Kopf, in das Gehirn hineinkäme, wie wenn wie in Wellenlinien der Ätherleib in das Gehirn zurückkäme.

(Hannover, 7. Februar 1914)

ZWEITE NEBENÜBUNG

Kontrolle des Willens
Kontrolle der Handlungen
Herrschaft über die Willensimpulse
Herrschaft der Seele über ihren Willen
Initiative des Handelns
Initiativkraft

Wie Herrscher in der Gedankenwelt, so soll ein solcher die Seele auch im Gebiete des Willens werden. In der physisch-sinnlichen Welt ist es auch hier das Leben, das als Beherrscher auftritt. Es macht diese oder jene Bedürfnisse für den Menschen geltend; und der Wille fühlt sich angeregt, diese Bedürfnisse zu befriedigen. Für die höhere Schulung muss sich der Mensch daran gewöhnen, seinen eigenen Befehlen streng zu gehorchen. Wer sich an solches gewöhnt, dem wird es immer weniger und weniger beifallen, Wesenloses zu begehren. Das Unbefriedigende, Haltlose im Willensleben führt aber von dem Begehren solcher Dinge her, von deren Verwirklichung man sich keinen deutlichen Begriff macht. Solche Unbefriedigung kann das ganze Gemütsleben in Unordnung bringen, wenn ein höheres Ich aus der Seele hervorgehen will. Eine gute Übung ist es, durch Monate hindurch sich zu einer bestimmten Tageszeit den Befehl zu geben: Heute «um diese bestimmte Zeit» wirst du «dieses» ausführen. Man gelangt dann allmählich dazu, sich die Zeit der Ausführung und die Art des auszuführenden Dinges so zu befehlen, dass die Ausführung ganz genau möglich ist. So erhebt man sich über das verderbliche: «ich möchte dies; ich will jenes», wobei man gar nicht an die Ausführbarkeit denkt. Eine große Persönlichkeit lässt eine Seherin sagen: «Den lieb' ich, der Unmögliches begehrt». (Goethe, *Faust II.*) Und diese Persönlichkeit (Goethe) selbst sagt: «In der Idee leben heißt, das Unmögliche behandeln, als wenn es möglich wäre». (Goethe, *Sprüche in Prosa.*) Solche Aussprüche dürfen aber nicht als Einwände gegen das hier Dargestellte gebraucht werden. Denn die Forderung, die Goethe und seine Seherin (Manto) stellen, kann nur derjenige erfüllen, welcher sich an dem Begehren dessen, was möglich ist, erst herangebildet hat, um dann durch sein starkes Wollen eben das «Unmögliche» so behandeln zu können, dass es sich durch sein Wollen in ein Mögliches verwandelt.

(Die Geheimwissenschaft im Umriss, 1910)

Ein Zweites ist, eine ebensolche Folgerichtigkeit in sein Handeln zu bringen (Kontrolle der Handlungen). Alle Unbeständigkeit, Disharmonie im Handeln gereichen der in Rede stehenden Lotusblume zum Verderben. Wenn der Geheimschüler etwas getan hat, so richtet er sein folgendes Handeln danach ein, dass es in logischer Art aus dem Ersten folgt. Wer heute im anderen Sinn handelt als gestern, wird nie den charakterisierten Sinn entwickeln.

(Wie erlangt man Erkenntnisse der höheren Welten?, 1905)

Kontrolle der Handlungen besteht in einer ähnlichen Regelung derselben durch innere Freiheit. Man beginnt gut damit, dass man sich anschickt, irgendetwas regelmäßig zu tun, wozu man durch das gewöhnliche Leben nicht gekommen wäre. In dem letzteren wird ja der Mensch von außen zu seinen Handlungen getrieben. Die kleinste Tat aber, die man aus der ureigensten Initiative heraus unternimmt, wirkt in der angegebenen Richtung mehr als alles, wozu man vom äußeren Leben gedrängt wird.

(Die Stufen der höheren Erkenntnis, 1906)

*

b) Kontrolle der Handlungen. Der Mensch lebt und handelt im Materiellen und ist ins Zeitliche gestellt. Er kann bei der Fülle der Erscheinungswelt nur einen kleinen Teil umfassen und ist durch seine Tätigkeit an einen bestimmten Kreis des Vergänglichen gebunden. Die tägliche Meditation dient dem Chela zur Sammlung und Kontrolle seiner Handlungen. Er wird in ihnen nur das Dauernde betrachten und den Wert nur auf das Tun legen, mit dem er helfend der höheren Entwicklung seiner Mitmenschen dienen kann. Er wird die Fülle der Erscheinungswelt wieder auf die höchste Einheit zurückführen.

(Berlin, Schlachtensee, Sommer 1903)

Das Zweite ist, dass wir uns in ähnlicher Weise zu unseren Handlungen verhalten, also Kontrolle der Handlungen üben. Dabei ist notwendig, dass wir wenigstens dazu gelangen, ab und zu solche Handlungen zu begehen, zu denen wir durch nichts, was von außen kommt, veranlasst sind. Alles dasjenige, wozu wir durch unseren Stand, unseren Beruf, unsere Stellung veranlasst sind, das führt uns nicht tiefer in das höhere Leben hinein. Das höhere Leben hängt von solchen Intimitäten ab, zum Beispiel dass wir den Entschluss fassen, ein Erstes zu tun, etwas, was unserer ureigensten Initiative entspringt, und wenn es auch nur eine ganz unbedeutende Tatsache wäre. Alle andern Handlungen tragen zum höheren Leben nichts bei.

(Berlin, 7. Dezember 1905)

Aus eigener Initiative Handlungen vollbringen, jede Handlung sich so vornehmen, dass sie seine ureigene ist, das bringt in ihn solche Ruhe, die für die Seele nötig ist.

(Berlin, 19. April 1906)

Zweitens: Ebenso handeln in Hinsicht auf alle Tätigkeiten, seien sie groß oder klein, sie beherrschen, sie regeln, sie unter die Kontrolle des Willens bringen. Alle müssen hinfort von einer inneren Initiative ausgehen. Das ist die Kontrolle der Handlungen.

(Paris, 30. Mai 1906)

Zweitens: Initiative in den Handlungen. Diese sollen etwas sein, was ursprünglich aus der eigenen Seele selbst herauskommt.

(Leipzig, 9. Juli 1906)

Initiative des Handelns, das heißt, man muss sich zwingen zu wenn auch unbedeutenden, aber aus eigener Initiative entsprungenen Handlungen, zu selbst auferlegten Pflichten. Die meisten Ursachen des Handelns liegen in Familienverhältnissen, in der Erziehung, im Berufe und so weiter. Bedenken Sie nur, wie wenig eigentlich aus der eigenen Initiative hervorgeht! Nun muss man also kurze Zeit darauf verwenden, Handlungen aus der eigenen Initiative hervorgehen zu lassen. Das brauchen durchaus nicht wichtige Dinge zu sein; ganz unbedeutende Handlungen erfüllen denselben Zweck.

(Stuttgart, 2. September 1906)

Zweitens: Initiative des Handelns. Diese fehlt manchem Menschen fast ganz, denn von früh auf wird er gewöhnlich in einen Beruf gedrängt, der nun den größten Teil seines Handelns absorbiert. Unsere meisten Handlungen sind von außen bestimmt. Daher soll der, welcher die Einweihung sucht, es sich eindringlich angelegen sein lassen, zu einer bestimmten Tageszeit regelmäßig eine Handlung zu verrichten, die aus inneren, eigenen Antrieben heraus kommt, mag dies im Grunde auch etwas Unbedeutendes sein.

(Basel, 19. September 1906)

Erforderlich ist zweitens die Initiative der Handlung. Diese besteht darin, dass der Schüler eine Handlung täglich ganz aus ureigener Initiative vollzieht. Es genügt, wenn es eine ganz kleine, unbedeutende Handlung ist, zum Beispiel Blumen gießen. Nach einiger Zeit nimmt man sich wieder eine andere Handlung vor.

(Wien, 22. Februar 1907)

Dann muss man dazu übergehen, initiative Handlungen vorzunehmen, die man sonst ganz gewiss nicht getan hätte. Eine ganz unbedeutende Handlung mag es sein. Es kommt nicht auf das Bedeutende der Handlung an, aber es muss eine eigene Handlung sein, eine aus ureigenster Initiative. Ein Herr, dem ich dies sagte, teilte mir nach einiger Zeit mit, er habe in seinem Büro täglich sieben Schritte nach vorne und sieben Schritte nach rückwärts getan und sich dabei die Evolution und Involution vorgestellt. Ausgezeichnet – nicht die Größe der Handlung, sondern die ureigenste Initiative ist notwendig.

Einigen Freunden sprach ich auch davon und erwähnte, um ein Beispiel zu geben, dass man Blumen begießen könne, wenn man nie Blumen begossen habe. Und was musste ich erleben? Als ich die Freunde besuchte, fand ich sie alle Blumen begießend vor. Das war das Verkehrteste, was sie tun konnten, denn nicht meine Handlung sollten sie tun, sondern eine bis auf die Erfindung ureigene. Wenn man das durch lange Zeit macht, sieht man, was es für eine innere Wirkung hat. Diese Dinge harmonisieren und gleichen derart alles im physischen und im Ätherleib aus, dass beide selbst nachklingen und nicht mehr so des Ausbesserns bedürfen, so dass der astralische Leib einen Teil der Kräfte ihnen entziehen kann.

(Wien, 7. November 1907)

Herausentwicklung einer gewissen Initiative des Willens [...]

(Den Haag, 29. März 1913)

*

Hat man sich etwa einen Monat also geübt, so lasse man eine zweite Forderung hinzutreten. Man versuche, irgendeine Handlung zu erdenken, die man nach dem gewöhnlichen Verlaufe seines bisherigen Lebens ganz gewiss nicht vorgenommen hätte. Man mache sich nun diese Handlung für jeden Tag selbst zur Pflicht. Es wird daher gut sein, wenn man eine Handlung wählen kann, die jeden Tag durch einen möglichst langen Zeitraum vollzogen werden kann. Wieder ist es besser, wenn man mit einer unbedeutenden Handlung beginnt, zu der man sich sozusagen zwingen muss, zum Beispiel man nimmt sich vor, zu einer bestimmten Stunde des Tages eine Blume, die man sich gekauft hat, zu begießen. Nach einiger Zeit soll eine zweite dergleichen Handlungen zur ersten hinzutreten, später eine dritte und so fort, soviel man bei

Aufrechterhaltung seiner sämtlichen anderen Pflichten ausführen kann. Diese Übung soll wieder einen Monat lang dauern. Aber man soll, soviel man kann, auch während dieses zweiten Monats der ersten Übung obliegen, wenn man sich diese letztere auch nicht mehr so zur ausschließlichen Pflicht macht wie im ersten Monat. Doch darf sie nicht außer Acht gelassen werden, sonst würde man bald bemerken, wie die Früchte des ersten Monats bald verloren sind und der alte Schlendrian der unkontrollierten Gedanken wieder beginnt. Man muss überhaupt darauf bedacht sein, dass man diese Früchte, einmal gewonnen, nie wieder verliere. Hat man eine solche durch die zweite Übung vollzogene Initiativ-Handlung hinter sich, so werde man sich des Gefühles von innerem Tätigkeitsantrieb innerhalb der Seele in subtiler Aufmerksamkeit bewusst und gieße dieses Gefühl gleichsam so in seinen Leib, dass man es vom Kopfe bis über das Herz herabströmen lasse.

(Allgemeine Anforderungen, Oktober 1906)

Das Zweite ist *Initiative der Handlungen.* Es muss eine Handlung sein, zu der man sich zwingen muss.

(Stuttgart, 20. Januar 1907)

Zum Zweiten sollen wir Initiative des Handelns üben. Dazu wählt man sich Handlungen, die man sonst nicht getan hätte und die man nur dieser Übung wegen unternimmt. Möglichst einfache Übungen, zu denen man sich zwingen muss, sind hier für den Anfang die wirksamsten. Wiederum bemerkt man dann bald ein bestimmtes Gefühl, eine Festigkeit und den Trieb, tätig zu sein. Dieses Gefühl führe man sich voll ins Bewusstsein und gieße es wie Wasser vom Kopf herab zum Herzen, um es sich so ganz einzuverleiben. Diese Übungen macht man zur bestimmten Zeit, wiederum mindestens vier Wochen.

(Berlin, 29. Januar 1907)

2. *Initiative des Handelns:* Dazu muss man sich eine Handlung wählen, die man sich selbst ausdenkt. Wer zum Beispiel als Tätigkeitsübung das Begießen einer Blume nahm, wie es in der Vorschrift als Beispiel steht, der tut etwas ganz Zweckloses. Denn die Handlung soll aus eigener Initiative entspringen, also muss man sie sich selbst ausgedacht haben. Dann macht sich bei dieser Übung bald ein Gefühl bemerkbar, etwa wie: «ich kann etwas leisten», «ich bin zu mehr tüchtig als früher», «ich fühle Tätigkeitsdrang». Eigentlich im ganzen oberen Teil des Körpers fühlt man das. Man versucht dann, dies Gefühl zum Herzen fließen zu lassen.

(München, 6. Juni 1907)

2. *Initiative der Handlungen:* Einige meiner Schüler haben diese Übung falsch gemacht, indem sie das angegebene Beispiel, Blumen zu begießen, ausgeführt haben, statt, wie das gemeint war, eine Handlung zu verrichten,

die man sonst nicht im Leben machen würde, eine Handlung selbst aus der eigenen Seele herausgeholt, muss es sein. Jeder muss die betreffende Initiativ-Handlung selber finden. Auf die Nützlichkeit derselben kommt es nicht an; sie soll nicht aus dem Zwang der äußeren Verhältnisse oder aus dem guten Herzen heraus geschehen, z.B. zehn Pfennige einem Armen schenken, auch nicht weil sie ethisch ist. Aus eigener Initiative und Selbstüberwindung heraus muss sie geschehen, Tätigkeit sein, die okkulte Organe schafft.

(München, 6. Juni 1907)

2. *Übung des Willens.* Man nehme sich vor, jeden Tag in einem bestimmten Augenblick etwas zu verrichten, auch wiederum eine an sich unbedeutende Handlung. Auch diese Übung verleiht Festigkeit.

(Stuttgart, 13. August 1908)

Ferner müssen wir dahin gelangen, unseren Ätherkörper kennen zu lernen. Das ist noch schwieriger, denn der ätherische Körper ist nicht von der Haut eingeschlossen wie der physische Leib, sondern er ist ein feines Gewebe, das seine Strömungen überall hinaus sendet in die Außenwelt und auch von allem, was in der Außenwelt vorgeht, beeindruckt wird, oft dem Menschen ganz unbewusst.

Den Ätherleib lernt man erfühlen durch richtiges Betreiben der zweiten Nebenübung, der Übung des

Willens. Gewöhnlich wird ja der Mensch durch äußere Eindrücke zu seinen Handlungen getrieben. Er sieht die Blume auf der Wiese, und da sie ihm gefällt, streckt er die Hand nach ihr aus, um sie zu pflücken. Nun, als Esoteriker, müssen wir dahin gelangen, ohne Anregung von außen, nur aus dem inneren Impulse heraus, den wir uns bewusst geben, dies oder jenes zu tun. Dann kommt man dazu [zu erkennen], es ist der Ätherleib, der die Hand zu der Bewegung veranlasst. So fühlt man seinen Ätherleib erwachen.

Durch diesen erwachenden Ätherleib lernt man nach und nach, sich zu erleben in einer ätherischen Welt. In Wirklichkeit geschieht bei jeder Bewegung, die wir machen, z.B. wenn ich einen Gegenstand angreife, mich daran stoße, ein Angriff auf die Außenwelt. Der Nicht-Esoteriker ahnt nichts davon, er ist behütet durch den Hüter der Schwelle vor diesem Wissen, aber der Esoteriker verselbständigt nach und nach seinen Ätherleib, der in der ätherischen Welt sich erlebt. Seine Organe werden feiner, er eignet sich immer mehr eine Empfindung an dafür, dass ein jeder Raum erfüllt ist nicht nur von physischen Gegenständen, sondern von einer zahllosen Menge von Elementarwesen, die sich durch Stechen, Stoßen, Brennen bemerkbar machen. Man muss sich in dieser elementarischen Ätherwelt überall Raum schaffen durch Willensimpulse wie Ausstrecken, Zurückziehen, Stoßen, Vorwärtsschreiten etc., und solche Bewegungen müssen mit dem vollen Bewusstsein, dass man es aus seinem eigensten Wesen heraus will, geschehen. Das ist das Zweite: Initiative der Handlungen. Wer sich in der

Ätherwelt ohne seinen Initiativ-Willen keinen Raum schaffen kann, der kann in dieser Welt ebenso wenig etwas ausrichten, wie jemand, der in der physischen Welt tanzen wollte auf einem Podium, das voller Stühle steht. Erst müssen die Stühle fortgeschafft werden. Das lernt man im Geistigen durch die zweite Übung.

(Leipzig, 2. Januar 1914)

II. Durch die Initiative des Handelns (Herrschaft über die Willensimpulse) werden wir uns unseres ätherischen Leibes bewusst. Solange wir einfach etwas wollen oder begehren durch die auf uns eindringenden Stimuli der Außenwelt, fühlen wir nicht die Strömungen im Ätherleib, die in Bewegung kommen, wenn wir handeln. Wir müssen Raum um uns her schaffen, wenn wir etwas von uns selbst aus tun wollen, ebenso wie jemand, der tanzen will, Tische und Stühle zuerst hinwegräumen muss. Sobald wir von uns aus, nicht durch etwas Äußeres veranlasst, etwas tun, machen wir uns von innen heraus stark, schicken unseren Willen von innen nach außen und fühlen dann die Strömungen und Bewegungen, die zu jeder Tat im Ätherleib vorgehen müssen. Jede Bewegung ist ein Angriff auf die Außenwelt; wir werden uns mehr und mehr bewusst, dass jeder Raum erfüllt ist von einer Menge von Elementarwesen; wenn wir handeln von innen heraus, stoßen wir auf diese Elementarwesen und werden uns dadurch unseres Ätherleibes bewusst.

(Leipzig, 2. Januar 1914)

Bei der zweiten Nebenübung, der Initiativübung, bei der man zu gewissen, bestimmten Zeiten den Willen anspannt zu irgendeiner Tätigkeit, da wird man mit der Zeit fühlen, nach der Übung, wie wenn man in seinem Ätherleib tätig gewesen wäre; man hat das Gefühl: ich habe mich in meinem Ätherleib erfühlt. – Ein Gefühl tiefer Ehrfurcht und Frömmigkeit zieht in die Seele des Meditanten dann.

(Hannover, 7. Februar 1914)

DRITTE NEBENÜBUNG

Gelassenheit
Gelassenheit gegenüber Lust und Leid
Kontrolle des Fühlens
Herrschaft der Seele über ihre Gefühle
Gleichmut
Seelisches Gleichgewicht
Erwerbung eines Lebensgleichgewichts
Ertragsamkeit
Duldsamkeit
Toleranz

In Bezug auf die Gefühlswelt soll es die Seele für die Geistesschulung zu einer gewissen Gelassenheit bringen. Dazu ist nötig, dass diese Seele Beherrscherin werde über den Ausdruck von Lust und Leid, Freude und Schmerz. Gerade gegenüber der Erwerbung dieser Eigenschaft kann sich manches Vorurteil ergeben. Man könnte meinen, man werde stumpf und teilnahmslos gegenüber seiner Mitwelt, wenn man über das «Erfreuliche sich nicht freuen, über das Schmerzhafte nicht Schmerz empfinden soll». Doch darum handelt es sich nicht. Ein Erfreuliches *soll* die Seele erfreuen, ein Trauriges *soll* sie schmerzen. Sie soll nur dazu gelangen, den *Ausdruck* von Freude und Schmerz, von Lust und Unlust zu beherrschen. Strebt man *dieses* an, so wird man alsbald bemerken, dass man nicht stumpfer, sondern im Gegenteil empfänglicher wird für alles Erfreuliche und Schmerzhafte der Umgebung, als man früher war. Es erfordert allerdings ein genaues Achtgeben auf sich selbst durch längere Zeit, wenn man sich die Eigenschaft aneignen will, um die es sich hier handelt. Man muss darauf sehen, dass man Lust und Leid voll miterleben kann, ohne sich dabei so zu verlieren, dass man dem, was man empfindet, einen unwillkürlichen Ausdruck gibt. Nicht den berechtigten Schmerz soll man unterdrücken, sondern das unwillkürliche Weinen; nicht den Abscheu vor einer schlechten Handlung, sondern das blinde Wüten des Zorns; nicht das Achten auf eine Gefahr, sondern das fruchtlose «sich fürchten» und so weiter. – Nur durch eine solche Übung gelangt der Geistesschüler dazu, jene Ruhe in seinem Gemüt zu haben, welche notwendig ist, damit nicht beim Geborenwerden und namentlich bei der Betätigung des höheren Ich die Seele wie eine Art Doppelgänger neben diesem höheren Ich ein zweites ungesundes Leben führt. Gerade diesen Dingen gegenüber sollte man sich keiner Selbsttäuschung hingeben. Es kann manchem scheinen, dass er einen gewissen Gleichmut im gewöhnlichen Leben schon habe und dass er deshalb diese Übung nicht nötig habe. Gerade ein solcher hat sie zweifach nötig. Man kann nämlich ganz gut gelassen sein, wenn man den Dingen des gewöhnlichen Lebens gegenübersteht; und dann beim Aufsteigen in eine höhere Welt kann sich um so mehr die Gleichgewichtslosigkeit, die nur zurückgedrängt war, geltend machen. Es muss durchaus erkannt werden, dass zur Geistesschulung es weniger darauf ankommt, was man vorher zu haben *scheint*, als vielmehr darauf, dass man ganz gesetzmäßig *übt*, was man braucht. So widerspruchsvoll dieser Satz auch aussieht: er ist richtig. Hat einem auch das Leben dies oder jenes anerzogen: zur Geistesschulung dienen die Eigenschaften, *welche man sich selbst anerzogen hat*. Hat einem das Leben Erregtheit beigebracht, so sollte man sich die Erregtheit aberziehen; hat einem aber das Leben Gleichmut beigebracht, so sollte man sich durch Selbsterziehung so aufrütteln, dass der Ausdruck der Seele dem empfangenen Eindruck entspricht. Wer über nichts lachen kann, beherrscht sein Leben ebensowenig wie derjenige, welcher, ohne sich zu beherrschen, fortwährend zum Lachen gereizt wird.

(Die Geheimwissenschaft im Umriss 1910)

Das Sechste ist die Erwerbung eines gewissen Lebensgleichgewichtes (Gleichmutes). Der Geheimschüler strebt an, seine gleichmäßige Stimmung zu erhalten, ob ihn Leid, ob ihn Erfreuliches trifft. Das Schwanken zwischen «himmelhoch-jauchzend, zu Tode betrübt» gewöhnt er sich ab. Das Unglück, die Gefahr finden ihn ebenso gewappnet wie das Glück, die Förderung.

(Wie erlangt man Erkenntnisse der höheren Welten? 1905)

Ertragsamkeit ist das Entfernthalten von jener Stimmung, die man bezeichnen kann mit dem Wechsel zwischen «Himmelhoch jauchzend, zu Tode betrübt». Der Mensch wird hin- und hergetrieben zwischen allen möglichen Stimmungen. Die Lust macht ihn froh, der Schmerz drückt ihn herab. Das hat seine Berechtigung. Wer aber den Weg sucht zu höherer Erkenntnis, der muss sich in der Lust und auch im Schmerze mäßigen können. Er muss «ertragsam» werden. Maßvoll muss er sich den lusterregenden Eindrücken hingeben können und auch den schmerzlichen Erlebnissen: immer durch beides mit Würde hindurch schreiten. Von nichts sich übermannen, außer Fassung bringen lassen. Das begründet nicht Gefühllosigkeit, sondern macht den Menschen zum festen Mittelpunkt innerhalb der Lebenswellen, die rings um ihn auf- und niedersteigen. Er hat sich stets in der Hand.

(Die Stufen der höheren Erkenntnis, 1906)

*

d) Duldsamkeit. Glück oder Unglück mit Gleichmut hinnehmen, sie nicht zu bestimmenden Mächten werden lassen, die uns beeinflussen können. Uns nicht durch Freude und Schmerz aus unserer Richtung drängen lassen. Sich von allen äußeren Einflüssen und Einströmungen freihalten und die eigene Richtung behaupten.

(Berlin-Schlachtensee, Sommer 1903)

Das Folgende, das Dritte, was es zu erstreben gilt, ist die Ertragsamkeit. Die Menschen schwanken zwischen Freude und Schmerz hin und her, sind in diesem Zeitpunkte himmelhoch jauchzend, im andern zu Tode betrübt. So lassen sich die Menschen auf den Wellen des Lebens, der Freude und des Schmerzes schaukeln. Sie müssen aber den Gleichmut, die Gelassenheit erlangen. Das größte Leid, die größten Freuden dürfen sie nicht aus der Fassung bringen, sie müssen feststehen, ertragsam werden.

(Berlin, 7. Dezember 1905)

Ertragsamkeit: sicher und fest stehen, Leid und Freude über sich ergehen lassen; ertragsam werden: durch die Freude ebenso wenig wie durch den Schmerz aus dem Geleise gebracht werden.

(Berlin, 19. April 1906)

Drittens: Das seelische Gleichgewicht. Man muss im Schmerz und in der Freude Mäßigung walten lassen. Goethe hat gesagt, dass die Seele, die liebt, bald «himmelhoch jauchzend», bald «zum Tode betrübt» sei. Der Okkultist muss mit demselben seelischen Gleichmut die größte Freude und den größten Schmerz ertragen.

(Paris, 30. Mai 1906)

Drittens: Innere Gelassenheit. Man entwickelt dadurch ein viel feineres Mitgefühl.

(Leipzig, 9. Juli 1906)

Gelassenheit. Das Dritte, um was es sich handelt, kann man nennen Gelassenheit. Da lernt man den Zustand des Hin- und Herschwankens zwischen «himmelhoch jauchzend» und «zum Tode betrübt» regulieren. Wer das nicht will, weil er glaubt, dass dadurch seine Ursprünglichkeit im Handeln oder sein künstlerisches Empfinden verloren gehe, der kann eben keine okkulte Entwicklung durchmachen. Gelassenheit heißt, Herr sein gegenüber der höchsten Lust und dem tiefsten Schmerz. Ja, man wird für die Freuden und Leiden in der Welt erst dann richtig empfänglich, wenn man sich nicht mehr verliert im Schmerz und in der Lust, wenn man nicht mehr egoistisch darin aufgeht. Die größten Künstler haben gerade durch diese Gelassenheit am meisten erreicht, weil sie sich dadurch die Seele aufgeschlossen haben für subtile und innere wichtige Dinge.

(Stuttgart, 2. September 1906)

Drittens soll der Schüler über das «himmelhoch jauchzend, zu Tode betrübt» hinauskommen, das heißt, der Mensch soll sich nicht jedem Schmerz und jeder Lust willenlos überlassen, sondern er soll sein inneres Gleichgewicht beibehalten auch bei den herbsten Schmerzen und den größten Lüsten. Dies braucht ganz gewiss keine Stumpfheit und Empfindungslosigkeit zu erzeugen, im Gegenteil, es bildet sich daraus ein umso feineres und intensiveres Empfinden.

(Basel, 19. September 1906)

Drittens muss man Herr über Lust und Leid werden. Das «himmelhoch jauchzend, zu Tode betrübt» muss aufhören. Dadurch wird man feiner und empfänglicher, aber man muss selbst der Herr sein, und nicht die Empfindungen dürfen es sein.

(Wien, 22. Februar 1907)

Dann muss sich der Mensch in Beziehung auf Lust und Leid beherrschen. Im gewöhnlichen Leben ist er der Sklaverei der Gefühle unterworfen. Er lacht, wenn ihm etwas besonders Lächerliches geboten wird, er weint bei irgendeinem traurigen Anlass. Der Schüler aber muss sich in der Hand haben, er muss sich nicht beherrschen lassen, sondern seinerseits Lust und Leid beherrschen. Viele meinen, sie würden auf diese Weise stumpf werden, aber das Umgekehrte ist der Fall. Wir überwinden auf diese Weise Lust und Leid, das heißt, dasjenige, was egoistische Lust und egoistischer Schmerz ist. Wir müssen den Weg finden, um gleichsam hineinzukriechen in andere Wesen, um mit ihnen zu fühlen. Es soll sich keiner von dieser Übung abhalten lassen aus Besorgnis, stumpf zu werden; er wird feiner empfinden.

(Wien, 7. November 1907)

[...] eines gewissen Gleichmaßes von Lust und Leid [...]

(Den Haag, 29. März 1913)

*

Im dritten Monat soll als neue Übung in den Mittelpunkt des Lebens gerückt werden die Ausbildung eines gewissen Gleichmutes gegenüber den Schwankungen von Lust und Leid, Freude und Schmerz, das «Himmelhoch jauchzend, zu Tode betrübt» soll mit Bewusstsein durch eine gleichmäßige Stimmung ersetzt werden. Man gibt auf sich Acht, dass keine Freude mit einem durchgehe, kein Schmerz einen zu Boden drücke, keine Erfahrung einen zu maßlosem Zorn oder Ärger hinreiße, keine Erwartung einen mit Ängstlichkeit oder Furcht erfülle, keine Situation einen fassungslos mache usw., usw. Man befürchte nicht, dass eine solche Übung einen nüchtern und lebensarm mache: man wird vielmehr alsbald bemerken, dass an Stelle dessen, was durch diese Übung vorgeht geläuterte Eigenschaften der Seele auftreten; vor allem wird man eines Tages eine innere Ruhe im Körper durch subtile Aufmerksamkeit spüren können; diese gieße man, ähnlich wie in den beiden oberen Fällen, in den Leib, indem man sie vom Herzen nach den Händen, den Füßen und zuletzt nach dem Kopfe strahlen lässt. Dies kann natürlich in diesem Falle nicht nach jeder einzelnen Übung vorgenommen werden, da man es im Grunde nicht mit einer einzelnen Übung zu tun hat, sondern mit einer fortwährenden Aufmerksamkeit auf sein inneres Seelenleben. Man muss sich jeden Tag wenigstens einmal diese innere Ruhe vor die Seele rufen und dann die Übung des Ausströmens vom Herzen vornehmen. Mit den Übungen des ersten und zweiten Monats verhalte man sich, wie mit der des ersten Monats im zweiten.

(Allgemeine Anforderungen, Oktober 1906)

Drittens *Überwindung von Lust und Unlust*, d.h. aber nicht Freude oder Leid nicht fühlen, sondern sich nicht von ihnen beherrschen lassen.

(Stuttgart, 20. Januar 1907)

Im dritten Monat oder nach der zweiten Zeit beginnt man damit, allen Schwankungen seines Seelenlebens ein Ende zu machen. Alles «himmelhoch jauchzend – zu Tode betrübt» muss schwinden. Kein Schmerz darf einen erdrücken, keine Freude außer sich bringen. Angst, Aufregung, Fassungslosigkeit müssen schwinden. Dadurch bildet man in sich ein drittes Gefühl aus. Wie eine innere Wärme macht sich dieses Gefühl ruhigen Gleichmutes bemerkbar. Das Gefühl konzentriere man im Herzen und lasse es von da in die Hände, in die Füße und dann nach dem Kopfe strahlen.

(Berlin, 29. Januar 1907)

3. *Erhabensein über Lust und Leid:* Es wandelt einen zum Beispiel einmal das Weinen an. Dann ist es Zeit, diese Übung zu machen. Man zwingt sich mit aller Gewalt, jetzt einmal nicht zu weinen. Dasselbe gilt auch vom Lachen. Man versuche einmal, wenn einen das Lachen ankommt, nicht zu lachen, sondern ruhig zu bleiben. Das soll nicht heißen, dass man nun nicht mehr lachen solle, aber man muss sich in der Hand haben, Herr werden über Lachen und Weinen. Und hat man sich ein paar Mal überwunden, so verspürt man bald auch ein Gefühl

von Ruhe und Gleichmut. Dies Gefühl lässt man durch den ganzen Körper fließen, indem man es vom Herzen zuerst in die Arme und Hände gießt, damit es durch die Hände in die Taten ausstrahle. Dann lässt man es zu den Füßen strömen und zuletzt nach dem Kopfe. Diese Übung verlangt eine ernstliche Selbstbeobachtung, die man mindestens eine Viertelstunde am Tag durchführen soll.

(München, 6. Juni 1907)

3. *Überwindung von Lust und Leid:* Man muss mit dem starken Willen überwinden, dass uns Freude oder Leid nicht mit sich fortreißt. Wir müssen vom Pferde zum Kutscher werden (Plato). Kommt uns über irgendetwas das Weinen an, so sollen wir es mit aller Anstrengung unterdrücken und uns sagen: «Du weinst jetzt nicht». – Das gilt ebenso für das Lachen. Alles das ist nur für eine bestimmte Lebenszeit als Übung für einen Monat etwa, gedacht.

(München, 6. Juni 1907)

3. Ausbilden einer Gleichmütigkeit; das heißt, dass man nicht abwechselnd «himmelhoch jauchzend» und «zum Tode betrübt» ist. Ein Witz wird nicht weniger geschätzt, wenn man nicht ausgelassen über ihn lacht, ein Schmerz wird weniger selbstsüchtig getragen, wenn man nicht zu stark an ihm haftet.

Dieses gibt ein Gefühl der Ruhe, das man aus dem Herzen über die Arme und Hände ausströmen lässt.

(Stuttgart, 13. August 1908)

Wir sollen Karma nicht nur theoretisch glauben; es ist sehr schwer, es wirklich als Folge zu empfinden bei schweren Lebenserfahrungen. Dazu aber verhelfen uns die esoterischen Übungen, zum Beispiel der Gelassenheit. Nicht bloß bei Freude und Leid darüber stehen, sondern auch in jeder Faser unseres Herzens ganz vollkommen hingegeben sein an die große Gerechtigkeit («Herr, dein Wille geschehe»).

(Karlsruhe, 14. Oktober 1911)

Um unseres Astralleibes bewusst zu werden, müssen wir genau das Umgekehrte tun. Wir müssen da die im Astralleib wogenden Begierden zurückhalten, da müssen wir diesen gegenüber Gelassenheit und Gleichmut entwickeln. Wir müssen absolute Windstille, absolute Ruhe in uns herstellen. Dann erst fühlen wir die äußere astrale Welt an unsere innere astrale Welt stoßen. Wie wir an die ätherische Welt stoßen dadurch, dass wir von uns aus in sie eingreifen in unserem Wollen, so fühlen wir die äußere astrale Welt dadurch, dass wir ruhig in uns selber bleiben, dass wir alle Begierden, Wünsche zur Ruhe bringen.

Bevor der Astralleib soweit ist, betäubt er sich durch den Schrei. Wir wissen ja, dass ein Schmerz entsteht, wenn der physische Leib und der ätherische Leib nicht in richtigem Kontakt sind. Das empfindet der Astralleib als Schmerz. Das kleine Kind, wenn es Schmerz empfindet, schreit. Es sucht den Schmerz zu übertönen im Schreien. Der Erwachsene ruft vielleicht: au! Wenn es dem Menschen gelänge, seinen Schmerz völlig in den Vibrationen des Tons hinströmen zu lassen, so würden durch dessen Schwingungen in der Formation des Ätherleibes solche Veränderungen entstehen, dass er nicht den Schmerz empfände, sondern dass er hinunter sänke ins Unterbewusstsein.

Aber die guten Götter haben den Menschen schwächer veranlagt, und es ist gut so, denn sonst gäbe es kein Leid und auch keine artikulierte Sprache. Der Esoteriker muss dahin gelangen, alle Schmerzen, überhaupt alles, was durch das Äußere in ihm angeregt wird, in ihm vorgeht, ruhig, gelassen, gleichmütig zu ertragen. Dann wird er nicht Angriffe machen (durch seinen Astralleib) auf die Außenwelt, sondern die Angriffe wenden sich von außen an ihn. Aber da er völlige Gelassenheit entwickelt hat, so berühren sie nur seinen physischen und ätherischen Leib. Der Astralleib bleibt unberührt. Er wird sozusagen frei, und man kann ihn beobachten. Also durch die Übung in der Gelassenheit gelange ich dazu, meinen Astralleib kennen zu lernen.

(Leipzig, 2. Januar 1914)

III. Um uns unseres Astralleibes bewusst zu werden, müssen wir gerade das Umgekehrte tun. Wir müssen die im Astralleibe wogenden Begierden zurückhalten, müssen, statt alles von uns ausgehen zu lassen, Gelassenheit und Gleichgewicht entwickeln. Dann, ruhig in uns selbst seiend, fühlen wir die äußere astralische Welt an uns stoßen. So, wie wir auf die ätherische Welt stoßen, indem wir von uns aus in sie eingreifen (Handeln vom Willenszentrum), fühlen wir die astralische Welt an uns stoßen, indem wir ruhig in uns selbst bleiben und alles Begehren und Wünschen und Aufwogen von Lust und Leid zur Ruhe bringen. Bevor der Mensch sich dazu erzogen hat, betäubt er sich über die in ihm waltenden Begierden durch Schreien, er lässt sie in Tönen ausgehen. Aber weil unser astralischer Leib durch die Götter abgeschwächt ist, wird dies später zur artikulierten Sprache und Gesang.

(Leipzig, 2. Januar 1914)

Bei der dritten Nebenübung, dem Ausgleich zwischen Freud und Leid, sollen wir uns ganz hineinfinden und hineinfügen in alles Geschehen. Dann wird sich allmählich unser Ätherleib ausdehnen bis in die Himmelsweiten hinein. Wir werden uns dann nicht mehr in unserem Körper drinnen fühlen und die ganze Welt um uns herum, sondern wir fühlen unseren Körper in den ganzen Umkreis ausgebreitet; ausgeweitet und hinein ergossen fühlen wir uns in die geistigen Welten. Man erfühlt, man «erweiß» sich in der geistigen Welt.

Wir erleben in diesen drei Nebenübungen die zwei ersten Sätze unseres Rosenkreuzerspruches: wie wir ganz eingebettet waren in die göttlich-geistigen Kräfte und daraus hernieder gekommen sind und wie wir uns in der dritten Übung in die geistige Welt, in den Christus ergießen. Denn der Christus ist jetzt in der Erdenaura, in der Erdenatmosphäre darinnen; wir müssen ihn in uns, sozusagen neben uns, in uns walten lassen.

(Hannover, 7. Februar 1914)

VIERTE NEBENÜBUNG

Positivität
Positivität im Beurteilen der Welt
Unbefangenheit
Duldsamkeit
Toleranz
Verständnis
Sinn für Bejahung
Vertrauen in die Umwelt
Standhaftigkeit

Für das Denken und Fühlen ist ein weiteres Bildungsmittel die Erwerbung der Eigenschaft, welche man Positivität nennen kann. Es gibt eine schöne Legende, die besagt von dem Christus Jesus, dass er mit einigen andern Personen an einem toten Hund vorübergeht. Die andern wenden sich ab von dem hässlichen Anblick. Der Christus Jesus spricht bewundernd von den schönen Zähnen des Tieres. Man kann sich darin üben, gegenüber der Welt eine solche Seelenverfassung zu erhalten, wie sie im Sinne dieser Legende ist. Das Irrtümliche, Schlechte, Hässliche soll die Seele nicht abhalten, das Wahre, Gute und Schöne überall zu finden, wo es vorhanden ist. Nicht verwechseln soll man diese Positivität mit Kritiklosigkeit, mit dem willkürlichen Verschließen der Augen gegenüber dem Schlechten, Falschen und Minderwertigen. Wer die «schönen Zähne» eines toten Tieres bewundert, der sieht *auch* den verwesenden Leichnam. Aber dieser Leichnam hält ihn nicht davon ab, die schönen Zähne zu sehen. Man kann das Schlechte nicht gut, den Irrtum nicht wahr finden; aber man kann es dahin bringen, dass man durch das Schlechte nicht abgehalten werde, das Gute, durch den Irrtum nicht, das Wahre zu sehen.

(Die Geheimwissenschaft im Umriss, 1910)

Das Vierte ist die Duldsamkeit (Toleranz) gegenüber Menschen, anderen Wesen und auch Tatsachen. Der Geheimschüler unterdrückt alle überflüssige Kritik gegenüber dem Unvollkommenen, Bösen und Schlechten und sucht vielmehr alles zu begreifen, was an ihn herantritt. Wie die Sonne ihr Licht nicht dem Schlechten und Bösen entzieht, so er nicht seine verständnisvolle Anteilnahme. Begegnet dem Geheimschüler irgendein Ungemach, so ergeht er sich nicht in abfälligen Urteilen, sondern er nimmt das Notwendige hin und sucht, soweit seine Kraft reicht, die Sache zum Guten zu wenden. Andere Meinungen betrachtet er nicht nur von seinem Standpunkte aus, sondern er sucht sich in die Lage des anderen zu versetzen.

(Wie erlangt man Erkenntnisse der höheren Welten? 1905)

Eine ganz besonders wichtige Eigenschaft ist der «Sinn für die Bejahung». Es kann ihn derjenige bei sich entwickeln, welcher das Augenmerk in allen Dingen auf die guten, schönen und zweckvollen Eigenheiten richtet und nicht in erster Linie auf das Tadelnswerte, Hässliche und Widerspruchsvolle. Es gibt eine schöne, in der persischen Dichtung vorhandene Legende von Christus, die zur Anschauung bringt, was mit dieser Eigenschaft gemeint ist: Ein toter Hund liegt an einem Wege. Unter den an ihm Vorübergehenden ist auch Christus. Alle anderen wenden sich ab von dem hässlichen Anblick, den das Tier bietet; nur Christus spricht bewundernd von den schönen Zähnen des Tieres. So kann man den Dingen gegenüber empfinden; in allem, auch dem Widrigsten, mag sich für den, welcher ernstlich sucht, etwas Anerkennenswertes finden. Und das Fruchtbare an den Dingen ist ja nicht, was ihnen fehlt, sondern dasjenige, was sie haben.

(Die Stufen der höheren Erkenntnis, 1906)

*

c) Toleranz. Der Chela wird sich nicht von Gefühlen der Anziehung und des Abgestoßenwerdens beherrschen lassen. Er wird alle – Verbrecher und Heilige – zu verstehen suchen, und obgleich er emotionell erfährt, wird er intellektuell urteilen. Was von dem einen Gesichtspunkt richtig als böse erkannt wird, kann von einem höheren Aspekt als notwendig und folgerichtig beurteilt werden.

(Berlin-Schlachtensee, Sommer 1903)

Das Vierte ist das Verständnis für ein jegliches Wesen. Durch nichts wird schöner ausgedrückt, was es heißt, ein jegliches Wesen zu verstehen, als durch eine persische Legende, die uns über den Christus Jesus erhalten geblieben ist, nicht im Evangelium, sondern in einer persischen Erzählung. Jesus ging mit seinen Jüngern übers Feld, und sie fanden auf dem Wege einen verwesenden Hund. Greulich war das Tier anzusehen. Jesus blieb stehen und warf bewundernde Blicke auf dasselbe, indem er sagte: «Wie schöne Zähne hat doch das Tier.» Jesus hat aus dem Scheußlichen das eine Schöne herausgefunden. Streben Sie, dem Herrlichen überall so beizukommen, an jedem Ding draußen in der Wirklichkeit, dann werden Sie sehen, dass jedes Ding etwas hat, zu dem man ja sagen kann. Machen Sie es wie Christus, der an dem toten Hunde die schönen Zähne bewunderte. Das ist die Richtung, die zur großen Toleranz und zum Verständnis für jegliches Ding und für jedes Wesen führt.

(Berlin, 7. Dezember 1905)

Weiter muss sich der Mensch die größte Unbefangenheit erwerben. Durch nichts wird er mehr abgenutzt, als wenn er an das Negative der Dinge herantritt; das bedeutet eine Disharmonie und zugleich eine Erschöpfung des Menschen. Dafür ist jene persische Legende maßgebend, die uns berichtet, wie der Christus Jesus und seine Jünger einst an einer Straße einen verwesenden toten Hund liegen sahen. Die Jünger baten den Meister, sich doch nicht mit dem Hund abzugeben, das Tier sei doch zu hässlich. Christus aber besah sich den Hund und sagte: Was für schöne Zähne hat doch das Tier. Er suchte hier das Schöne in der doch hässlichen Sache. Alle Bejahung belebt, alle Verneinung erschöpft und tötet. Nicht nur, weil eine sittliche Kraft dazugehört, sich der positiven Seite einer Sache zuzuwenden, sondern weil eine jede Bejahung belebt und Kräfte der Seele frei und sicher macht.

In einem solchen Zeitalter wie heute herrscht auch die Nervosität. Nervosität und Kritiksucht gehören zusammen. Die vorgeschriebenen Tugenden sind dazu da, um höhere Kräfte für den Menschen freizubekommen. Solche Tugenden, die das ganze untere Leben rhythmisch machen sollen, geben der Seele Kräfte, dass sie sich der höheren Entwicklung widmen kann. Ganz still geht diese innere Entwicklung vor sich.

(Berlin, 19. April 1906)

Viertens: Die Positivität. Der seelische Zustand, der darin besteht, dass man das Gute in allem sucht. Eine persische Legende erzählt: Als Christus einst mit seinen Jüngern an einem übelriechenden Hundekadaver vorbeiging, wandten sich seine Jünger mit Abscheu weg. Er aber sagte, nachdem er das widerliche Schauspiel betrachtet hatte, einfach: Welche schönen Zähne hat das Tier!

(Paris, 30. Mai 1906)

[...] Positivität, die erlaubt, jedem Ding die beste Seite abzugewinnen [...]

(Paris, 6. Juni 1906)

Viertens: In allen Dingen und Vorgängen die positive Seite suchen und finden. Ich erinnere dabei an die schöne Legende von Christus und dem toten Hund.

(Leipzig, 9. Juli 1906)

Unbefangenheit. Das Vierte ist, was man als Unbefangenheit bezeichnen kann. Das ist diejenige Eigenschaft, die in allen Dingen das Gute sieht. Sie geht überall auf das Positive in den Dingen los. Als Beispiel können wir am besten eine persische Legende anführen, die sich an den Christus Jesus knüpft: Der Christus Jesus sah einmal einen krepierten Hund am Wege liegen. Jesus blieb stehen und betrachtete das Tier, die Umstehenden aber wandten sich voll Abscheu weg ob solchen Anblicks. Da sagte der Christus Jesus: Oh, welch wunderschöne Zähne hat das Tier! – Er sah nicht das Schlechte, das Hässliche, sondern fand selbst an diesem eklen Kadaver noch etwas Schönes, die weißen Zähne. Sind wir in dieser Stimmung, dann suchen wir in allen Dingen die positiven Eigenschaften, das Gute, und wir können es überall finden. Das wirkt in ganz mächtiger Weise auf den physischen und Ätherleib ein.

(Stuttgart, 2. September 1906)

Viertens: Eine persische Legende von Christus Jesus soll im Schüler lebendig werden, nämlich: Mit den Jüngern ging Jesus über Land. Am Wege lag ein halb verwester Hund, greulich anzusehen. Die Jünger wandten sich mit

Entsetzen ab, Christus Jesus hingegen schaute mit liebevollen Augen den Kadaver an und bemerkte dazu: Schaut doch die wunderschönen Zähne dieses toten Tieres! – Die Quintessenz hiervon ist, aus dem Hässlichen auch noch das verborgene Schöne herauszufinden und überhaupt immer das Positive zu suchen, das, wozu man ja sagen kann. Selbst im Leben des ärgsten Bösewichts gibt es lichte Momente, denen man verständnisvoll begegnen soll.

(Basel, 19. September 1906)

Viertens ist die Positivität notwendig: Was darunter zu verstehen ist, wird eine persische Legende von Christus Jesus besagen. Christus ging mit einigen seiner Jünger des Weges. Da lag am Wegesrande ein krepierter Hund, der schon in Verwesung übergegangen war. Die Jünger wandten sich ab und sprachen: Wie hässlich ist das Tier! – Christus aber blieb stehen und sagte: Seht nur, welche schönen Zähne das Tier hat! – Es ist also in dem Hässlichsten noch Schönes, in dem Bösesten noch Gutes, im Kleinen noch Großes zu suchen und zu finden. Überall muss diese Eigenschaft gesucht werden.

(Wien, 22. Februar 1907)

Das andere ist das, was man nennt «Positivität», die darin besteht, dass man im Leben aufsucht, was am besten durch eine persische Legende über den Christus Jesus charakterisiert wird: Als der Christus Jesus einmal mit seinen Jüngern einen Weg machte, fanden sie am Wegesrand einen krepierten Hund liegen, der schon stark in Verwesung übergegangen war. Die Jünger, die noch nicht so weit waren wie der Christus Jesus, wandten sich von dem hässlichen Anblick ab, nur der Christus Jesus blieb stehen, betrachtete sinnig das Tier und sagte: «Was für wunderschöne Zähne hat doch das Tier!»

Was auch immer Hässliches in der Welt ist, es gibt immer noch ein Schönes im Hässlichen, in jedem Unwahren ein Körnchen Wahres, in jedem Bösen ein Gutes. Sie brauchen gar nicht kritiklos zu werden! Man fasst das oft nur so auf, dass man nichts mehr schlecht finden dürfe und so weiter; es ist aber so gemeint, dass in jedem Hässlichen immer noch ein Körnchen Schönes ist und in jedem Bösen etwas Gutes liegt. Das treibt die höheren Kräfte der Seele herauf. Das gehört alles schon zur Vorbereitung.

(Kassel, 29. Juni 1907)

Eine vierte Übung ist die, die ich am liebsten durch die Erzählung einer Legende charakterisiere. Diese Legende ist aus dem Leben des Christus Jesus; sie ist nicht in der Bibel zu finden, wie viele andere nicht; sie ist aus dem Persischen. Als die Jünger einst mit Christus Jesus über Land gingen, sahen sie auf dem Wege den halbverwesten Kadaver eines verendeten Hundes liegen. Welch scheußliches Aas –, sagten die Jünger und wendeten sich mit Ekel ab. Christus Jesus aber allein blieb stehen, betrachtete den Kadaver und sagte nach einer Weile:

Welch herrliche Zähne hatte das Tier. – Er sah an dem hässlichen, verwesenden Kadaver noch die schönen Zähne. Das gibt uns einen Fingerzeig, dass wir uns aneignen sollen und aneignen müssen, in allem Hässlichen das Körnchen Schönheit, im Schlechten Gutes, im Irrtum Wahrheit zu erblicken. Diese Eigenschaft der Positivität muss geübt werden durch einige Zeit, sie gibt innere Harmonie und inneren Rhythmus.

(Wien, 7. November 1907)

[...] eine gewisse Positivität im Verhalten zur Welt [...]

(Den Haag, 29. März 1913)

*

Im vierten Monat soll man als neue Übung die sogenannte Positivität aufnehmen. Sie besteht darin, allen Erfahrungen, Wesenheiten und Dingen gegenüber stets das in ihnen vorhandene Gute, Vortreffliche, Schöne usw. aufzusuchen. Am besten wird diese Eigenschaft der Seele charakterisiert durch eine persische Legende über den Christus Jesus. Als dieser mit seinen Jüngern einmal einen Weg machte, sahen sie am Wegrande einen schon sehr in Verwesung übergegangenen Hund liegen. Alle Jünger wandten sich von dem hässlichen Anblick ab, nur der Christus Jesus blieb stehen, betrachtete sinnig das Tier und sagte: Welch wunderschöne Zähne hat das

Tier! Wo die andern nur das Hässliche, Unsympathische gesehen hatten, suchte er das Schöne. So muss der esoterische Schüler trachten, in einer jeglichen Erscheinung und in einem jeglichen Wesen das Positive zu suchen. Er wird alsbald bemerken, dass unter der Hülle eines Hässlichen ein verborgenes Schönes, dass selbst unter der Hülle eines Verbrechers ein verborgenes Gutes, dass unter der Hülle eines Wahnsinnigen die göttliche Seele irgendwie verborgen ist. Diese Übung hängt in etwas zusammen mit dem, was man die Enthaltung von Kritik nennt. Man darf diese Sache nicht so auffassen, als ob man schwarz weiß und weiß schwarz nennen sollte. Es gibt aber einen Unterschied zwischen einer Beurteilung, die von der eigenen Persönlichkeit bloß ausgeht und Sympathie und Antipathie nach dieser eigenen Persönlichkeit beurteilt. Und es gibt einen Standpunkt, der sich liebevoll in die fremde Erscheinung oder das fremde Wesen versetzt und sich überall fragt: Wie kommt dieses Andere dazu, so zu sein oder so zu tun? Ein solcher Standpunkt kommt ganz von selbst dazu, sich mehr zu bestreben, dem Unvollkommenen zu helfen, als es bloß zu tadeln und zu kritisieren. Der Einwand, dass die Lebensverhältnisse von vielen Menschen verlangen, dass sie tadeln und richten, kann hier nicht gemacht werden. Denn dann sind diese Lebensverhältnisse eben solche, dass der Betreffende eine richtige okkulte Schulung nicht durchmachen kann. Es sind eben viele Lebensverhältnisse vorhanden, die eine solche okkulte Schulung in ausgiebigem Maße nicht möglich machen. Da sollte eben der Mensch nicht ungeduldig verlangen, trotz alledem

Fortschritt zu machen, die eben nur unter gewissen Bedingungen gemacht werden können. Wer einen Monat hindurch sich bewusst auf das Positive in allen seinen Erfahrungen hinrichtet, der wird nach und nach bemerken, dass sich ein Gefühl in sein Inneres schleicht, wie wenn seine Haut von allen Seiten durchlässig würde und seine Seele sich weit öffnete gegenüber allerlei geheimen und subtilen Vorgängen in seiner Umgebung, die vorher seiner Aufmerksamkeit völlig entgangen waren. Gerade darum handelt es sich, die in jedem Menschen vorhandene Aufmerksamlosigkeit gegenüber solchen subtilen Dingen zu bekämpfen. Hat man einmal bemerkt, dass dies beschriebene Gefühl wie eine Art von Seligkeit sich in der Seele geltend macht, so versuche man dieses Gefühl im Gedanken nach dem Herzen hinzulenken und es von da in die Augen strömen zu lassen, von da hinaus in den Raum vor und um den Menschen herum. Man wird bemerken, dass man ein intimes Verhältnis zu diesem Raum dadurch erhält. Man wächst gleichsam über sich hinaus. Man lernt ein Stück seiner Umgebung noch wie etwas betrachten, das zu einem selber gehört. Es ist recht viel Konzentration zu dieser Übung notwendig und vor allen Dingen ein Anerkennen der Tatsache, dass alles Stürmische, Leidenschaftliche, Affektreiche völlig vernichtend auf die angedeutete Stimmung wirkt. Mit der Wiederholung der Übungen von den ersten Monaten hält man es wieder so, wie für frühere Monate schon angedeutet ist.

(Allgemeine Anforderungen, Oktober 1906)

Viertens: *Positivität* in allem suchen.

(Stuttgart, 20. Januar 1907)

Nach der dritten Zeit bildet man in seiner Seele das aus, was man Positivismus nennt. Man suche in allem, auch im Schlimmsten, Schrecklichsten, Hässlichsten noch das Gute und Schöne zu sehen, so wie es uns die persische Legende von Christus mit dem Hunde lehrt. Da wird man ein Gefühl innerer Seligkeit eines Tages verspüren. Das konzentriert man im Herzen, lässt es zum Kopfe strahlen und von da zu den Augen hinaus, als wenn man es ausstrahlen wolle durch die Augen.

(Berlin, 29. Januar 1907)

4. *Positivität:* Man soll in allem Schlechten das Körnchen Gute, in allem Hässlichen das Schöne, und auch noch in jedem Verbrecher das Fünkchen Göttlichkeit zu finden wissen. Dann bekommt man das Gefühl, als dehne man sich über seine Haut hinaus aus. Es ist ein ähnliches Gefühl des Größerwerdens, wie es der Ätherleib nach dem Tode hat. Verspürt man dies Gefühl, so lasse man es von sich ausstrahlen durch Augen, Ohren und die ganze Haut, hauptsächlich durch die Augen.

(München, 6. Juni 1907)

4. *Positivität:* Was damit gemeint ist, ist ausgedrückt in der folgenden Legende: Der Christus Jesus ging mit

seinen Jüngern spazieren, da sahen sie am Wege liegen einen schon stark verwesten Hund. Die Jünger wandten sich ab voll Ekel und sagten: «O, das hässliche Tier». – Der Christus Jesus aber blieb stehen und betrachtete liebevoll den Leichnam und sagte dann: «welch wunderschöne Zähne hat das Tier!» –

So aus allem, selbst aus dem Hässlichsten, aus dem Schlechtesten, aus dem Verbrecher, aus der Unwahrheit, das Schöne, das Wahre herauszuziehen und zu sehen, das ist Positivität. Subtil beobachten sich selbst, das gehört dazu.

(München, 6. Juni 1907)

4. *Das Schauen des Schönen und Wahren in allen Dingen.* Man denke an die persische Legende des Christus Jesus, der die schönen Zähne eines toten Hundes bewunderte, während die Jünger nur Hässlichkeit sahen. An jedem Ding ist wenigstens ein kleiner Kern vom Wahren und Schönen zu entdecken.

Diese Übung gibt, fortgesetzt, ein Gefühl einer großen Freude.

(Stuttgart, 13. August 1908)

Schließlich muss ich auch noch dazu kommen, mein Ich kennen zu lernen. Ich kann mein Ich nicht erfühlen, weil ich in ihm lebe. Daher müssen wir es in die Welt ausgießen. Mein Ich lerne ich kennen durch das, was wir bezeichnen als Positivität (Gleichnis vom Hunde).

Wenn wir es machen wie der Christus-Jesus, so sehen wir nicht das Hässliche, sondern tauchen soweit hinein in alles, dass wir an das Gute kommen. Auf diese Weise kommen wir los von unserm Ich und können es beobachten. Ich ist Liebe und Wille. Durch den entwickelten Willen lernen wir erkennen die Substanz aller Dinge, die im Göttlichen urständet. Durch die Liebe lernen wir das Wesen der Dinge miterleben. So dringen wir durch Wille und Liebe vor zum Erkennen, das frei ist vom persönlichen Ich. Als geistiges Ich lernen wir untertauchen in Wesen und Substanz aller Dinge, die ja aus dem geistigen Vatergrund stammen, wie auch unser eigenes Ich. Unser Ich schaut uns aus allem Geschaffenen an («Schwan»). Der Schüler erreicht die Stufe des «Schwan», wenn er das erleben kann.

(Leipzig, 2. Januar 1914)

IV. Unseres Ichs werden wir uns bewusst, indem wir Positivität in uns entwickeln, Urteile von uns selbst aus entwickeln, die uns imstande machen, in allem, selbst im Hässlichsten, auch das Schöne zu sehen.

(Leipzig, 2. Januar 1914)

FÜNFTE NEBENÜBUNG

Unbefangenheit
Glaube
Vertrauen
Vorurteilslosigkeit
Fortwährendes Offensein
Geistige Offenheit für jede neue Erscheinung
Freiheit von Urteilen

Das Denken in Verbindung mit dem Willen erfährt eine gewisse Reifung, wenn man versucht, sich niemals durch etwas, was man erlebt oder erfahren hat, die unbefangene Empfänglichkeit für neue Erlebnisse rauben zu lassen. Für den Geistesschüler soll der Gedanke seine Bedeutung ganz verlieren: «Das habe ich noch nie gehört, das glaube ich nicht.» Er soll während einer gewissen Zeit geradezu überall darauf ausgehen, sich bei jeder Gelegenheit von einem jeglichen Dinge und Wesen Neues sagen zu lassen. Von jedem Luftzug, von jedem Baumblatt, von jeglichem Lallen eines Kindes kann man lernen, wenn man bereit ist, einen Gesichtspunkt in Anwendung zu bringen, den man bisher nicht in Anwendung gebracht hat. Es wird allerdings leicht möglich sein, in Bezug auf eine solche Fähigkeit zu weit zu gehen. Man soll ja nicht etwa in einem gewissen Lebensalter die Erfahrungen, die man über die Dinge gemacht hat, außer Acht lassen. Man soll, was man in der Gegenwart erlebt, nach den Erfahrungen der Vergangenheit beurteilen. Das kommt auf die eine Waagschale; auf die andere aber muss für den Geistesschüler die Geneigtheit kommen, immer Neues zu erfahren. Und vor allem der Glaube an die Möglichkeit, dass neue Erlebnisse den alten widersprechen können.

(Die Geheimwissenschaft im Umriss, 1910)

Das Fünfte ist die Unbefangenheit gegenüber den Erscheinungen des Lebens. Man spricht in dieser Beziehung auch von dem «Glauben» oder «Vertrauen». Der Geheimschüler tritt jedem Menschen, jedem Wesen mit diesem Vertrauen entgegen. Und er erfüllt sich bei seinen Handlungen mit solchem Vertrauen. Er sagt sich nie, wenn ihm etwas mitgeteilt wird: das glaube ich nicht, weil es meiner bisherigen Meinung widerspricht. Er ist vielmehr in jedem Augenblicke bereit, seine Meinung und Ansicht an einer neuen zu prüfen und zu berichtigen. Er bleibt immer empfänglich für alles, was an ihn herantritt. Und er vertraut auf die Wirksamkeit dessen, was er unternimmt. Zaghaftigkeit und Zweifelsucht verbannt er aus seinem Wesen. Hat er eine Absicht, so hat er auch den Glauben an die Kraft dieser Absicht. Hundert Misserfolge können ihm diesen Glauben nicht nehmen. Es ist dies jener «Glaube, der Berge zu versetzen vermag».

(Wie erlangt man Erkenntnisse der höheren Welten?, 1905)

Weiter ist bedeutsam, die Eigenschaft der «Unbefangenheit» zu entwickeln. Ein jeder Mensch hat ja seine Erfahrungen gemacht und sich dadurch eine bestimmte Menge von Meinungen gebildet, die ihm dann im Leben zur Richtschnur werden. So selbstverständlich es auf der einen Seite ist, sich nach seinen Erfahrungen zu richten, so wichtig ist es für den, welcher eine geistige Entwicklung zur höheren Erkenntnis hin durchmachen will, dass er sich stets den Blick frei erhält für alles Neue, ihm noch Unbekannte, das ihm entgegentritt. Er wird so vorsichtig wie irgend möglich sein mit dem Urteil: «das ist unmöglich», «das kann ja gar nicht sein». Mag ihm seine Meinung nach den bisherigen Erfahrungen was immer sagen: er ist in jedem Augenblick bereit, sich von etwas Neuem, das ihm entgegenkommt, zu einer anderen Meinung bringen zu lassen. Jede Eigenliebe der Meinung gegenüber muss schwinden.

(Die Stufen der höheren Erkenntnis, 1906)

*

e) Glaube. Der Chela soll das freie, offene, unbefangene Herz für das höhere Geistige haben. Auch wo er eine höhere Wahrheit nicht gleich erkennt, soll er den Glauben haben, bis er diese sich durch Erkenntnis zu Eigen machen kann. Wenn er nach dem Grundsatz «Alles prüfen und das Beste behalten» verfahren wollte, so würde er sein Urteil als Maßstab anlegen und sich über das höhere Geistige stellen und dem Eindringen desselben sich verschließen.

(Berlin-Schlachtensee, Sommer 1903)

Die fünfte Eigenschaft ist die volle Unbefangenheit gegenüber allem Neuen, das uns entgegentritt. Die meisten Menschen beurteilen das Neue, das ihnen entgegentritt, nach dem Alten, was ihnen schon bekannt ist. Wenn jemand kommt, um ihnen etwas zu sagen, so erwidern sie gleich: Darüber bin ich anderer Meinung. – Wir dürfen aber einer Meinung, die uns zukommt, nicht gleich unsere Meinung gegenüberstellen, wir müssen vielmehr auf dem Ausguck stehen, um herauszufinden, wo wir etwas Neues lernen können. Und lernen können wir selbst von einem kleinen Kinde. Selbst wenn einer der weiseste Mensch wäre, so muss er geneigt sein, mit seinem Urteil zurückzuhalten und andern zuzuhören. Dieses Zuhörenkönnen müssen wir entwickeln, denn es befähigt uns, den Dingen die größtmögliche Unbefangenheit entgegenzubringen. Im Okkultismus nennt man dies «Glaube», und das ist die Kraft, die Eindrücke, die das Neue auf uns macht, nicht durch das, was wir demselben entgegenhalten, abzuschwächen.

(Berlin, 7. Dezember 1905)

Fünftens: Die Unbefangenheit. Die geistige Offenheit für jede neue Erscheinung; die Fähigkeit, sich niemals durch das Vergangene in seinem Urteil bestimmen zu lassen.

(Paris, 30. Mai 1906)

[...] eine von Vorurteilen freie Gesinnung [...]

(Paris, 6. Juni 1906)

Fünftens: Unbefangenheit und Vorurteilslosigkeit. Man soll sich stets die Möglichkeit offen lassen, neue Tatsachen anzuerkennen.

(Leipzig, 9. Juli 1906)

Glaube. Das nächste ist der Glaube. Glauben drückt im okkulten Sinne etwas anderes aus, als was man in der gewöhnlichen Sprache darunter versteht. Man soll sich niemals, wenn man in okkulter Entwicklung ist, in seinem Urteil durch seine Vergangenheit die Zukunft bestimmen lassen. Bei der okkulten Entwicklung muss man unter Umständen alles außer Acht lassen, was man bisher erlebt hat, um jedem neuen Erleben mit gläubiger Stimmung gegenüberstehen zu können. Das muss der Okkultist bewusst durchführen. Wenn einer zum Beispiel kommt und sagt: Der Turm der Kirche steht schief, er hat sich um 45 Grad geneigt – so würde jeder sagen: Das kann nicht sein. – Der Okkultist muss sich aber noch ein Hintertürchen offen lassen. Ja, er muss so weit gehen, dass er jedes in der Welt Erfolgende, was ihm entgegentritt, glauben kann, sonst verlegt er sich den Weg zu neuen Erfahrungen. Man muss sich frei machen für neue Erfahrungen; dadurch werden der physische und der Ätherleib in eine Stimmung versetzt, die sich vergleichen lässt mit der wollüstigen Stimmung eines Tierwesens, das ein anderes ausbrüten will.

(Stuttgart, 2. September 1906)

Fünftens ist völlige Freiheit von Vorurteilen anzustreben. Niemals soll die Vergangenheit einem das Urteil über die Gegenwart bestimmen. Etwas Neues soll man nicht einfach von sich weisen, weil es einem noch nie begegnet ist. Neuen Erkenntnissen soll man unbefangen entgegentreten, wenn man ein Eingeweihter werden will.

(Basel, 19. September 1906)

Fünftens muss die absolute Unbefangenheit allen neuen Eindrücken gegenüber erworben werden, Unbefangenheit im höchsten Maße. Die Menschen pflegen zu sagen: Das habe ich noch nie gehört, noch nie gesehen, das glaube ich nicht! – Im weitesten Umfange muss man sich abgewöhnen, von Unmöglichkeiten zu sprechen. Man muss im Herzen eine Kammer haben, in welcher man beispielsweise die Möglichkeit offen lässt, dass der Kirchturm wirklich schief steht, wenn jemand sagt, der Kirchturm sei schief. Wenigstens für möglich muss man halten, was man hört.

(Wien, 22. Februar 1907)

Das Fünfte ist, dass der Mensch sich einigermaßen Unbefangenheit erwirbt in Bezug auf alles Neue, was ihm in der Welt entgegentritt. Man könnte auch sagen, dass er niemals durch das, was er aus der Vergangenheit gewohnt ist, die Zukunft beeinflussen darf. Das Wort: «Das glaube ich nicht» –, muss völlig aus dem Gemüt verschwinden, und wenn zu Ihnen jemand kommt und sagt, der Kirchturm sei über Nacht schief geworden, müssen Sie einen Winkel in Ihrem Herzen finden, wo Sie für möglich halten, dass wirklich alles eintreten kann. Deshalb aber dürfen Sie nicht kritiklos werden; nur darf Ihnen nichts unmöglich erscheinen. Wer das kann, der kann sehr bedeutsam wirken auf den physischen und den Ätherleib und dadurch kommen diese in einen solchen Rhythmus, dass man dem Astralleib in der Nacht zukommen lässt, was ihm Meditation und Konzentration gibt. Denn das wird erst allmählich die Menschen zur wahren wirklichen Theosophie hinführen, dass sie überall einsehen, warum alles so und nicht anders geschieht. Wer den Mechanismus des Schlafes kennt, der weiß auch, warum solche Übungen gemacht werden müssen.

(Wien, 7. November 1907)

*

Im fünften Monat versuche man dann in sich das Gefühl auszubilden, völlig unbefangen einer jeden neuen Erfahrung gegenüberzutreten. Was uns entgegentritt, wenn die Menschen gegenüber einem eben Gehörten und Gesehenen sagen: «Das habe ich noch nie gehört, das habe ich noch nie gesehen, das glaube ich nicht, das ist eine Täuschung», mit dieser Gesinnung muss der esoterische Schüler vollständig brechen. Er muss bereit sein, jeden Augenblick eine völlig neue Erfahrung entgegenzunehmen. Was er bisher als gesetzmäßig erkannt hat, was ihm als möglich erschienen ist, darf keine Fessel sein für die Aufnahme einer neuen Wahrheit. Es ist zwar radikal ausgesprochen, aber durchaus richtig, dass wenn jemand zu dem esoterischen Schüler kommt und ihm sagt: «Du, der Kirchturm der X-Kirche steht seit dieser Nacht völlig schief», so soll der Esoteriker sich eine Hintertür offen lassen für den möglichen Glauben, dass seine bisherige Kenntnis der Naturgesetze doch noch eine Erweiterung erfahren könne durch eine solche scheinbar unerhörte Tatsache. Wer im fünften Monat seine Aufmerksamkeit darauf lenkt, so gesinnt zu sein, der wird bemerken, dass sich ein Gefühl in seine Seele schleicht, als ob in jenem Raum, von dem bei der Übung im vierten Monat gesprochen wurde, etwas lebendig würde, als ob sich darin etwas regte. Dieses Gefühl ist außerordentlich fein und subtil. Man muss versuchen, dieses subtile Vibrieren in der Umgebung aufmerksam zu erfassen und es gleichsam einströmen zu lassen durch alle fünf Sinne, namentlich durch Auge, Ohr und durch die Haut, insofern diese letztere den Wärmesinn enthält. Weniger Aufmerksamkeit verwende man auf dieser Stufe der esoterischen Entwicklung auf die Eindrücke jener Regungen in den niederen Sinnen, des Geschmacks, Geruchs, und des Tastens. Es ist auf dieser Stufe noch nicht gut möglich, die zahlreichen schlechten Einflüsse, die sich unter die auch vorhandenen guten dieses Gebietes einmischen, von diesen zu unterscheiden; daher überlässt der Schüler diese Sache einer späteren Stufe.

(Allgemeine Anforderungen, Oktober 1906)

Fünftens: *Unbefangenheit* gegenüber allen Erfahrungen.

(Stuttgart, 20. Januar 1907)

Im fünften Monat übe man sich darin, nie seine Zukunft durch die Vergangenheit bestimmen zu lassen. Ganz vorurteilsfrei muss man werden, alles aufnehmen, seine Seele öffnen. Wenn jemand zu einem sagt: Der Kirchturm dort hat sich in der Nacht gedreht, so muss man ihn nicht auslachen, sondern denken: Es kann doch vielleicht ein Naturgesetz geben, das ich nicht kenne. Dann wird man bald ein Gefühl verspüren, als ströme von außen aus dem Raum etwas auf einen ein. Dies saugt man gleichsam auf durch Augen, Ohren und die ganze Haut.

(Berlin, 29. Januar 1907)

5. *Unbefangenheit:* Man soll sich beweglich halten, immer fähig sein, noch Neues aufzunehmen. Wenn uns jemand etwas erzählt, was wir für unwahrscheinlich halten, muss doch immer in unserem Herzen ein Winkelchen bleiben, wo wir uns sagen: er könnte doch Recht haben. – Dies braucht uns nicht kritiklos zu machen, wir können ja nachprüfen. Es überkommt uns dann ein Gefühl, als ströme von außen etwas auf uns ein. Das saugen wir ein durch Augen, Ohren und die ganze Haut.

(München, 6. Juni 1907)

5. *Unbefangenheit:* Unbefangen ist man, wenn jemand uns erzählt, dass ein gerader, senkrechter Turm über Nacht plötzlich schief steht, sagen wir in einem Winkel von 45 Grad, und wir dann nicht sagen: «Nein, das glaub ich nicht, das ist ja ganz unmöglich.» – Man muss das Gefühl in sich ausbilden, dass nichts unmöglich ist.

(München, 6. Juni 1907)

5. *Fortwährendes Offensein*, Neues zu lernen. Man soll niemals sagen: Das habe ich noch niemals gehört, das glaube ich nicht; oder: Das kann nicht sein! – Was einem auch erzählt wird, man halte sich wenigstens die Möglichkeit offen, etwas daraus zu lernen. So kann man an Kindern, Tieren, an allen Dingen lernen.

Das gibt ein Gefühl so, als ob man auch teilweise außerhalb seines Leibes wahrnehmen könnte.

(Stuttgart, 13. August 1908)

Auf der fünften Stufe entwickeln wir Manas oder Geistselbst. Da dürfen wir uns nicht festlegen auf dasjenige, was wir bisher gesehen, gelernt, gehört haben. Wir müssen lernen, von alle dem abzusehen, uns allem, was uns entgegentritt, ganz wie ausgeleert von dem Bisherigen zu erhalten. Manas kann nur entwickelt werden, wenn man lernt, alles, was wir uns durch Eigendenken erworben haben, doch nur zu empfinden als etwas Minderwertiges gegenüber dem, was wir uns erwerben können, indem wir uns den Gedanken öffnen, die aus dem gottgewobenen Kosmos einströmen. Aus diesen göttlichen Gedanken ist alles, was uns umgibt, entstanden. Wir haben sie nicht durch unser bisheriges Denken finden können. Da verbergen es uns die Dinge. Jetzt lernen wir hinter allem wie ein verborgenes Rätsel dies Göttliche zu erahnen. Immer mehr lernen wir in Bescheidenheit einsehen, wie wenig wir bisher von diesen Rätseln ergründet haben. Und wir lernen, dass wir eigentlich alles aus unserer Seele entfernen müssen, was wir bisher gelernt haben, dass wir ganz unbefangen, wie ein Kind, allem entgegentreten müssen – dass sich nur der Unbefangenheit der Seele darbieten die göttlichen Rätsel, die uns umgeben. Kindlich muss die Seele werden, um in die Reiche der Himmel eindringen zu können. Der kindlichen Seele strömt dann entgegen die verborgene Weisheit – Manas – wie ein Geschenk der Gnade aus der geistigen Welt.

(Leipzig, 2. Januar 1914)

V. Und durch Unbefangenheit oder Vertrauen, durch das Von-uns-selbst-aus-in-andere-Gehen, um unbefangen sie in uns aufzunehmen, lernen wir das Geistselbst kennen und fühlen usw.

(Leipzig, 2. Januar 1914)

Durch Unbefangenheit, Vorurteilslosigkeit – Geist-selbst.

Das ist die höchste Stufe, zu der wir uns zunächst erheben. Andere Übungen reichen dann noch weiter hinauf.

(Leipzig, 2. Januar 1914)

SECHSTE NEBENÜBUNG

Gleichgewicht der Seele
Innere Harmonie
Harmonisierung der fünf Eigenschaften
Standhaftigkeit
Ausdauer
Beharrlichkeit
Geistiger Schwerpunkt
Richtungssicherheit
Gelassenheit

Damit sind fünf Eigenschaften der Seele genannt, welche sich in regelrechter Schulung der Geistesschüler anzueignen hat: die Herrschaft über die Gedankenführung, die Herrschaft über die Willensimpulse, die Gelassenheit gegenüber Lust und Leid, die Positivität im Beurteilen der Welt, die Unbefangenheit in der Auffassung des Lebens. Wer gewisse Zeiten aufeinander folgend dazu verwendet hat, um sich in der Erwerbung dieser Eigenschaften zu üben, der wird dann noch nötig haben, in der Seele diese Eigenschaften zum harmonischen Zusammenstimmen zu bringen. Er wird sie gewissermaßen je zwei und zwei, drei und eine und so weiter gleichzeitig üben müssen, um Harmonie zu bewirken.

(Die Geheimwissenschaft im Umriss, 1910)

Das Dritte ist die Erziehung zur Ausdauer. Der Geheimschüler lässt sich nicht durch diese oder jene Einflüsse von einem Ziel abbringen, das er sich gesteckt hat, solange er dieses Ziel als ein richtiges ansehen kann. Hindernisse sind für ihn eine Aufforderung, sie zu überwinden, aber keine Abhaltungsgründe.

(Wie erlangt man Erkenntnisse der höheren Welten?, 1905)

Wenn die bisher genannten fünf Eigenschaften von der Seele erworben sind, dann stellt sich eine sechste ganz von selbst ein: das innere Gleichgewicht, die Harmonie der geistigen Kräfte. Der Mensch muss etwas in sich finden wie einen geistigen Schwerpunkt, der ihm Festigkeit und Sicherheit gibt gegenüber allem, was im Leben da- oder dorthin zieht. Man muss nicht etwa vermeiden, mit allem mitzuerleben, alles auf sich wirken zu lassen. Nicht die Flucht vor den hin- und wider ziehenden Tatsachen des Lebens ist das Richtige, sondern im Gegenteil: das volle Hingeben an das Leben und *trotzdem* die sichere, feste Bewahrung von innerem Gleichgesicht und Harmonie.

(Die Stufen der höheren Erkenntnis, 1906)

*

f) Gleichgewicht. Die letzte seelische Fähigkeit würde als Resultat aller anderen sich als Gleichgewicht, als Richtungssicherheit, Seelenbilanz ergeben. Der Chela gibt sich selbst die Richtung.

(Berlin-Schlachtensee, Sommer 1903)

Die sechste Eigenschaft ist das, was jeder von selbst erhält, wenn er die angeführten Eigenschaften entwickelt hat. Das ist die innere Harmonie. Die innere Harmonie hat der Mensch, der die anderen Eigenschaften hat.

(Berlin, 7. Dezember 1905)

Sechstens. Das innere Gleichgewicht, das aus allen diesen vorbereitenden Übungen entspringt. Man findet sich nunmehr reif zur inneren Schulung der Seele. Man ist bereit, sich auf den Weg zu machen.

(Paris, 30. Mai 1906)

[...] und schließlich die Harmonie des Seelenlebens.

(Paris, 6. Juni 1906)

Sechstens: Inneres Gleichgewicht und innere Harmonie.

(Leipzig, 9. Juli 1906)

Inneres Gleichgewicht. Und dann folgt als nächste Eigenschaft inneres Gleichgewicht. Es bildet sich durch die fünf anderen Eigenschaften nach und nach ganz von selbst heraus. Auf diese sechs Eigenschaften muss der Mensch bedacht sein. Er muss sein Leben in die Hand nehmen und langsam fortschreiten im Sinne des Wortes: Steter Tropfen höhlt den Stein.

(Stuttgart, 2. September 1906)

Sechstens: Entwicklung zur Seelenharmonie. Diese wird eigentlich aus allen andern wie von selbst entstehen.

(Basel, 19. September 1906)

Die sechste Stufe besteht in der Harmonisierung der fünf Eigenschaften.

(Wien, 22. Februar 1907)

*

Im sechsten Monat soll man dann versuchen, systematisch in einer regelmäßigen Abwechslung alle fünf Übungen immer wieder und wieder vorzunehmen. Es bildet sich daher allmählich ein schönes Gleichgewicht der Seele heraus. Man wird namentlich bemerken, dass etwa vorhandene Unzufriedenheiten mit Erscheinung und Wesen der Welt vollständig verschwinden. Eine allen Erlebnissen versöhnliche Stimmung bemächtigt sich der Seele, die keineswegs Gleichgültigkeit ist, sondern im Gegenteil erst befähigt, tatsächlich bessernd und fortschrittlich in der Welt zu arbeiten. Ein ruhiges Verständnis von Dingen eröffnet sich, die früher der Seele völlig verschlossen waren. Selbst Gang und Gebärde des Menschen ändern sich unter dem Einfluss solcher Übungen, und kann der Mensch gar eines Tages bemerken, dass seine Handschrift einen anderen Charakter angenommen hat, dann darf er sich sagen, dass er eine erste Sprosse auf dem Pfade aufwärts eben im Begriffe zu erreichen ist.

(Allgemeine Anforderungen, Oktober 1906)

Sechstens: *alle fünf Übungen rhythmisch* repetieren.

(Stuttgart, 20. Januar 1907)

In der sechsten Zeit sollen dann alle fünf Übungen zugleich gemacht werden, um einen harmonischen Zusammenklang zu geben.

(Berlin, 29. Januar 1907)

6. *Gleichgewicht:* Die fünf vorhergehenden Empfindungen sollen nun in Harmonie gebracht werden, indem man auf alle gleichmäßig viel achtet.

(München, 6. Juni 1907)

6. *Harmonie bringen in die fünf Stufen:* Die fünf anderen Stufen sind die Vorbedingung zu dieser sechsten Stufe. Es kommt außerordentlich auf die Reihenfolge an. Man darf nicht den sechsten Schritt machen wollen vor den fünf ersten Schritten. Es harmonisiert sich nichts, wenn nichts zur Harmonie da ist!

(München, 6. Juni 1907)

6. Diese Übung ist eine *Kombination* der vorhergehenden, die man je zwei zusammen nehmen kann, wie man eben will. Durch diese Anwendung wird man ein Gefühl bekommen, als ob man größer geworden wäre, über seine Haut hinaus.

(Stuttgart, 13. August 1908)

Weiter zu gehen ist für den Menschen nicht nötig, da er durch diese fünf Stufen den Kontakt mit der geistigen Welt herstellt. Es muss nun noch durch stete Wiederholung dieser fünf Übungen zwischen den verschiedenen Fähigkeiten, die durch sie erlangt werden sollen, die Harmonie des Zusammenwirkens hergestellt werden. Das bewirkt die sechste Übung.

(Leipzig, 2. Januar 1914)

ZU DEN SECHS NEBENÜBUNGEN

Die charakterisierten Übungen sind durch die Methoden der Geistesschulung angegeben, weil sie bei *gründlicher* Ausführung in dem Geistesschüler nicht nur das bewirken, was oben als unmittelbares Ergebnis genannt worden ist, sondern mittelbar noch vieles andere im Gefolge haben, was auf dem Wege zu den geistigen Welten gebraucht wird. Wer diese Übungen in genügendem Maße macht, wird während derselben auf manche Mängel und Fehler seines Seelenlebens stoßen; und er wird die gerade ihm notwendigen Mittel finden zur Kräftigung und Sicherung seines intellektuellen, gefühlsmäßigen und Charakterlebens. Er wird gewiss noch manche andere Übungen nötig haben, je nach seinen Fähigkeiten, seinem Temperament und Charakter; solche ergeben sich aber, wenn die genannten ausgiebig durchgemacht werden. Ja, man wird bemerken, dass die dargestellten Übungen *mittelbar* auch dasjenige nach und nach geben, was zunächst nicht in ihnen zu liegen scheint. Wenn z.B. jemand zu wenig Selbstvertrauen hat, so wird er nach entsprechender Zeit bemerken können, dass sich durch die Übungen das notwendige Selbstvertrauen einstellt. Und so ist es in Bezug auf andere Seeleneigenschaften. (Besondere, mehr ins einzelne gehende Übungen findet man in meinem Buche: *Wie erlangt man Erkenntnisse der höheren Welten?*) – Bedeutungsvoll ist, dass der Geistesschüler die angegebenen Fähigkeiten in immer höheren Graden zu steigern vermag.

(Die Geheimwissenschaft im Umriss, 1910)

Es handelt sich für den Okkultisten, den wirklichen Eingeweihten, darum, die Richtung seines Lebenslaufes zu ändern. Der Mensch der Gegenwart wird in seinen Handlungen durch die Sinneseindrücke, das heißt durch die äußere Welt, bestimmt und getrieben. Aber alles, was an Raum und Zeit gebunden ist, ist ohne Bedeutung. Man kann es übergehen.

Welches sind nun die Mittel zu diesem Zweck? [Es folgt die Beschreibung der Nebenübungen.]

(Paris, 6. Juni 1906)

Die Nebenübungen bilden die für den physischen Plan an uns notwendigen Eigenschaften aus, als da sind: kontrolliertes Denken, selbstgewählte Handlungen, Gelassenheit usw. Allmählich werden wir so ein Fach in unserem Herzen, in unserer Seele haben, in dem wir unser Heiligstes bewahren, in dem wir Esoteriker sind, während wir als Menschen draußen im Leben stehen. Kampf mit uns selbst und mit der Welt ist dabei selbstverständlich; wir müssen ein Kämpfer werden, wenn wir Esoteriker werden.

(Mannheim, 10. März 1911)

Es darf uns nicht beherrschen die Gier nach spiritueller Erkenntnis, sondern etwa jene Stimmung soll sich ausbreiten, wie wir sie bei moralischen Handlungen, wie zum Beispiel bei Mitleid, Mitfreude empfinden. Es besteht nämlich sonst die große Gefahr für den Esoteriker, dass er im exoterischen Leben moralisch haltlos, ja schlechter wird, als er vorher war; darum werden auch immer neben den eigentlichen Meditationen die Nebenübungen zur intellektuellen und moralischen Festigung und Durchbildung verlangt.

(Frankfurt, 10. März 1912)

Nicht minder wichtig aber ist, das Moralische dabei zu entwickeln. Dazu sind die Nebenübungen da. Wer sie treulich ausführt, wird bemerken, wie er anfängt, Moral zu entwickeln. Es handelt sich um ein Verbinden der Strömungen, die von außen kommen, mit dem, was im eigenen Leibe ist.

(Kristiania [Oslo], 7. Juni 1912)

Wozu ist die Schule da? Ratschläge werden gegeben, um schneller und leichter vorauszueilen, weil die Menschheit solches braucht. Es ist aber auch unvermeidlich, dass dadurch an den Egoismus des Menschen appelliert wird. Dazu sind aber die Nebenübungen da, um dasjenige zu bekämpfen, was man zu seiner Egoität hinzufügt. Unterlasst man diese, so werden unweigerlich Ehrgeiz und Eitelkeit beim Schüler auftreten. Die soll man bei sich selbst sehen.

(Kristiania (Oslo), 9. Juni 1912)

Diese Übungen sind von allergrößter Wichtigkeit. Durch sie kann die Seele den Weg finden in die geistigen Welten. Überall, in allen Schriften, Zyklen, Vorträgen finden Sie Hinweise auf diese fünf Übungen. Und es brauchte keine esoterische Stunde stattzufinden, wenn jeder sie aufmerksam läse und die Kräfte dieser Übungen in seiner Seele zum Leben erweckte. Sie dienen den speziell gegebenen Übungen zur Unterstützung.

Der Esoteriker muss nur aufmerksam sein, auch auf das Kleinste. Er muss alles gewissenhaft beobachten, noch in ganz anderer Weise, als es im Physischen geschieht, sobald er sich den geistigen Welten nähert. Denn die Dinge im Geistigen sind ja soviel subtiler, feiner als im Physischen. Darum muss der Esoteriker diese Übungen beständig machen und sich immer wieder anfachen zu neuem Streben, zu neuen Beobachtungen, da es ihm sonst nicht möglich ist, Einblicke in die geistige Welt zu bekommen. Und vor allem muss der Esoteriker Geduld üben. Die meisten denken, nachdem sie kurze Zeit geübt haben, sie könnten nun in die geistige Welt gelangen, alle Pforten zur geistigen Welt ständen ihnen offen.

(Leipzig, 2. Januar 1914)

DIE AUSBILDUNG DER ZWÖLFBLÄTTRIGEN LOTUSBLUME

In der Geisteswissenschaft wird von *vier* Eigenschaften gesprochen, welche sich der Mensch auf dem sogenannten Prüfungspfade erwerben muss, um zu höherer Erkenntnis aufzusteigen. Es ist die *Erste* davon die Fähigkeit, in den Gedanken das Wahre von der Erscheinung zu scheiden, die Wahrheit von der bloßen Meinung. Die *zweite* Eigenschaft ist die richtige Schätzung des Wahren und Wirklichen gegenüber der Erscheinung. Die *dritte* Eigenschaft besteht in der – schon im vorigen Kapitel erwähnten – Ausübung der sechs Eigenschaften: Gedankenkontrolle, Kontrolle der Handlungen, Beharrlichkeit, Duldsamkeit, Glaube und Gleichmut. Die *vierte* ist die Liebe zur inneren Freiheit.

Von den sechs Tugenden, aus denen sich die dritte Eigenschaft zusammensetzt, ist bereits gesprochen worden. Sie hängen zusammen mit der Ausbildung der zwölfblätterigen Lotusblume in der Herzgegend.
(Wie erlangt man Erkenntnisse der höheren Welten?, 1905)

Ich will nun noch von der zwölfblättrigen Lotusblume in der Nähe des Herzens sprechen. Von ihr waren sechs Blätter in urferner Vergangenheit bereits entwickelt, sechs müssen in Zukunft bei allen Menschen, bei Eingeweihten und ihren Schülern heute schon, entwickelt werden. In allen theosophischen Handbüchern können Sie gewisse Tugenden angeführt finden, welche im Vorhofe der sich aneignen soll, der zur Stufe des eigentlichen Chela oder Schülers hinansteigen soll. Diese sechs Tugenden, die Sie in jedem theosophischen Handbuche, wo von der Entwicklung des Menschen die Rede ist, angeführt finden, sind: Kontrolle der Gedanken, Kontrolle der Handlungen, Duldsamkeit, Standhaftigkeit, Unbefangenheit und Gleichgewicht oder das, was *Angelus Silesius* Gelassenheit nennt. Diese sechs Tugenden, die man bewusst und aufmerksam üben und zur Meditation hinzufügen muss, bringen die sechs weiteren Blätter der zwölfblättrigen Lotusblume zur Entfaltung. Dieses ist in den theosophischen Lehrbüchern nicht blind aufgelesen, nicht zufällig oder aus eigenem innerem Gefühl heraus geprägt, sondern aus der tiefsten Erkenntnis der großen Eingeweihten heraus gesprochen. Die Eingeweihten wissen, dass derjenige, der sich wirklich zu höheren übersinnlichen Entwicklungsstufen entwickeln will, die zwölfblättrige Lotusblume zur Entfaltung bringen muss. Dazu muss er die sechs Blätter, die in der Vergangenheit nicht entwickelt waren, heute schon durch diese sechs Tugenden entwickeln. So sehen Sie, wie aus einer tieferen Erkenntnis des menschlichen Wesens heraus die großen Eingeweihten eigentlich ihre Anweisungen für das Leben gaben. Ich könnte diese Betrachtung noch auf andere Erkenntnis- und Beobachtungsorgane ausdehnen, allein ich will Ihnen nur eine Skizze des Einweihungsvorganges geben, wozu diese Andeutungen genügen dürften.

(Berlin, 16. März 1905)

Der Mensch besitzt noch eine andere Lotusblume, die mit den zwölf Blättern. Sie hat ihren Sitz in der Herzgegend. Einst waren nur sechs Blätter sichtbar. Die Erwerbung von sechs Tugenden wird die sechs anderen Blätter in Zukunft zur Entfaltung bringen. Diese sechs Tugenden sind: Gedankenkontrolle, Initiativkraft, seelisches Gleichgewicht, Positivität, die erlaubt, jedem Ding die beste Seite abzugewinnen, eine von Vorurteilen freie Gesinnung und schließlich die Harmonie des Seelenlebens. Alsdann werden sich die zwölf Blütenblätter in Bewegung setzen. In ihnen drückt sich der heilige Charakter der Zwölfzahl aus, den wir wiederfinden in den zwölf Aposteln, in den zwölf Gefährten des Artus – und jedesmal handelt es sich um Schöpfertum, um Tätigkeit. Und so verhält es sich, weil alles auf der Welt sich in zwölf verschiedenen Nuancen entwickelt.

(Paris, 6. Juni 1906)

REIHENFOLGE UND DAUER DER ÜBUNGEN

Die Nebenübungen: Wir müssen hier wieder mit dem Denken beginnen und so lange fortmachen, bis wir es erreichen, dass sich das betreffende Gefühl einstellt; dieses müssen wir dann in den Leib gießen und so diese Übung einen Monat oder länger üben ehe man zur zweiten und so fort übergeht. Der Astralkörper bekommt durch das Eingießen Konsistenz, eine feste Gestalt, Rückgrat. [Es folgt die Beschreibung der Nebenübungen.]

Jede dieser Nebenübungen ist so lange zu machen, bis man das ihr entsprechende Gefühl in den Leib gießen und erleben kann. Dann erst soll man zum nächsten Monat vorschreiten.

(Stuttgart, 20. Januar 1907)

Diese Übungen brauchen nicht gerade je einen Monat gemacht zu werden. Es musste eben überhaupt eine Zeit angegeben werden. Es kommt vor allem darauf an, dass man die Übungen gerade in dieser Reihenfolge macht. Wer die zweite Übung vor der ersten macht, der hat gar keinen Nutzen davon. Denn gerade auf die Reihenfolge kommt es an. Manche meinen sogar, mit der sechsten

Übung, mit der Harmonisierung, anfangen zu müssen. Aber harmonisiert sich etwas, wenn nichts da ist? Wer die Übungen nicht in der rechten Reihenfolge machen will, dem nützen sie gar nichts. Wie wenn einer über einen Steg sechs Schritte machen muss und den sechsten Schritt zuerst machen will, so unsinnig ist es, mit der sechsten Übung beginnen zu wollen.

(München, 6. Juni 1907)

Die sechs Stufen der Nebenübungen sind in der gegebenen Reihenfolge zu machen, denn nur dadurch wird okkulte Kraft entwickelt. Ist man fertig mit den sechs Monaten, so fängt man wieder von vorne an. (Als Beispiel wird gesagt, wir gehen über eine Brücke, mit sechs Schritten Länge, um an ein Ziel zu kommen. Da können wir auch nicht den sechsten Schritt zuerst machen, sondern wir müssen der Reihe nach die sechs Schritte machen, so auch hier. Der sechste Schritt harmonisiert die fünf Vorhergehenden; wollten wir ihn zuerst machen, so müsste man sich sagen: Harmonisiert sich etwas, wo nichts ist?)

(München, 6. Juni 1907)

ZUR SCHUTZFUNKTION DER NEBENÜBUNGEN

Noch einmal muss zweierlei eingeschärft werden:

Erstens, dass die besprochenen sechs Übungen den schädlichen Einfluss, den andere okkulte Übungen haben können, paralysieren, so dass nur das Günstige vorhanden bleibt. Und zweitens, dass sie den positiven Erfolg der Meditations- und Konzentrationsarbeit eigentlich allein sichern. Selbst die bloße noch so gewissenhafte Erfüllung landläufiger Moral genügt für den Esoteriker noch nicht, denn diese Moral kann sehr egoistisch sein, wenn sich der Mensch sagt: Ich will gut sein, damit ich für gut befunden werde. – Der Esoteriker tut das Gute nicht, weil er für gut befunden werden soll, sondern weil er nach und nach erkennt, dass das Gute allein die Evolution vorwärts bringt, das Böse dagegen und das Unkluge und das Hässliche dieser Evolution Hindernisse in den Weg legen.

(Allgemeine Anforderungen, Oktober 1906)

Hat der Mensch diese Eigenschaften in sich entwickelt, dann ist er über alle Gefahr erhaben, die die Spaltung seiner Natur in ihm bewirken könnte, dann können die

Eigenschaften seiner niederen Natur nicht mehr auf ihn wirken, dann kann er vom Wege nicht mehr abirren. Daher müssen diese Eigenschaften mit großer Genauigkeit herausgebildet werden. Dann kommt das okkulte Leben, dessen Ausdruck eine gewisse Rhythmisierung des Lebens bedingt.

(Berlin, 7. Dezember 1905)

Zu den Voraussetzungen eines jeden höheren Strebens zählt die Gedankenkontrolle, ein sittlich einwandfreies Leben und eben das Bestreben, sich nicht jeder Gemütsbewegung, weder dem Schmerz noch der Freude, hinzugeben, sondern ein seelisches Gleichgewicht zu bewahren. Damit wird auch die Möglichkeit herbeigeführt, dass gute Wesen tätig sind, wenn der Astralleib während des Schlafes am physischen und Ätherleib arbeitet.

(Berlin, 26. Februar 1906)

Wenn der Mensch heute, wo er fortwährend arbeitet, wo er jedem Willensimpuls folgt, im Beruf, bei jeder Sensation, in regelloser Weise fühlt, will und denkt, so nutzen sich durch diesen Kampf seine Kräfte ab. Wenn er dann daran denkt, gewisse Kräfte der Seele seinem Leibe zu entziehen, muss er dem Leib Ersatz bieten in gewissen Verrichtungen harmonischen Geschehens. Daher schreibt die innere Entwicklung für den Anfang ganz bestimmte Tugenden vor, damit die Kraft, die jetzt dem Leibe entzogen wird, durch den Rhythmus ersetzt wird. Diese Tugenden sind: Kontrolle der Gedanken, der Handlungen, Unbefangenheit, Ertragsamkeit, Lebensgleichmut, Vertrauen in seine ganze Umgebung. [Es folgt die Beschreibung der Nebenübungen].

Die vorgeschriebenen Tugenden sind dazu da, um höhere Kräfte für den Menschen freizubekommen. Solche Tugenden, die das ganze untere Leben rhythmisch machen sollen, geben der Seele Kräfte, dass sie sich der höheren Entwicklung widmen kann. Ganz still geht diese innere Entwicklung vor sich.

(Berlin, 19. April 1906)

Der Schlaf ist der Ausgangspunkt für die Entwicklung der geistigen Sinne. Vom schlafenden Menschen sind physischer und Ätherleib im Bett, Astralleib und Ich sind außerhalb derselben. Wenn nun der Mensch anfängt, im Schlafe schauend zu werden, dann werden dem Körper für eine gewisse Zeit Kräfte entzogen, die bisher die Wiederherstellung an physischem und Ätherleib besorgt haben. Sie müssen auf andere Weise ersetzt werden, soll nicht eine große Gefahr für den physischen und den Ätherleib entstehen. Geschieht dies nämlich nicht, dann kommen diese mit ihren Kräften sehr herunter, und amoralische Wesenheiten bemächtigen sich ihrer. Daher kann es vorkommen, dass Menschen zwar das astrale Hellsehen entwickeln, aber unmoralische Menschen werden. [...]

Wichtig ist folgender Satz: Man kann eine Wesenheit und eine Sache umso mehr sich selbst überlassen, je mehr Rhythmus man hineingebracht hat. So muss der Geheimschüler auch in seine Gedankenwelt eine gewisse Regelmäßigkeit, einen Rhythmus hineinbilden. [Es folgt die Beschreibung der Nebenübungen].

Wenn der Mensch diese Eigenschaften alle in sich ausbildet, dann kommt ein solcher Rhythmus in sein inneres Leben, dass der Astralleib die Regeneration im Schlafe nicht mehr zu verrichten braucht. Denn es kommt durch diese Übungen auch in den Ätherleib ein solches Gleichgewicht, dass er sich selbst beschützen und wiederherstellen kann. Wer die okkulte Schulung ohne die Ausbildung dieser sechs Eigenschaften beginnt, der läuft Gefahr und ist nachts den schlimmsten Wesenheiten ausgesetzt. Wer aber die sechs Eigenschaften eine Zeitlang geübt hat, der darf damit beginnen, seine astralischen Sinne zu entwickeln, und er fängt dann an, mit Bewusstsein zu schlafen. Seine Träume sind nicht mehr willkürlich, sondern sie gewinnen Regelmäßigkeit; die Astralwelt steigt vor ihm auf.

(Leipzig, 9. Juli 1906)

Beginnt man, den Weg zu gehen, so muss man Geduld und Ausdauer haben und sich klar darüber sein, dass man großen Gefahren ausgesetzt ist, wenn man nicht vorher eine gute Charakterschulung durchgemacht hat. Ersehen Sie dies aus einem Gleichnis: Nehmen Sie eine grüne Flüssigkeit, die aus einer blauen und einer gelben gemischt ist. Wenn Sie nun ein chemisches Mittel beisetzen, sind Sie imstande, die blaue von der gelben Flüssigkeit zu trennen. Früher haben Sie von den Eigenschaften der beiden nun getrennten Flüssigkeiten nichts gesehen. Jetzt kehren sie die Eigenschaften hervor. So ist es auch beim Menschen. Das Hohe und das Niedere sind untereinander gemischt. Das Niedere ist durch die beigemischten höheren Kräfte behütet davor, sich in ganzer Intensität auszuwirken. Nun trennen Sie die Teile durch Ihre Übungen. Da kann man erleben, dass jemand, der bis dahin einigermaßen leidlich war, boshaft und verschlagen wird und noch ganz andere schlechte Eigenschaften hervorkehrt. Hierüber muss man sich klar sein. Verhütet kann eine solche Gefahr unter allen Umständen werden, wenn bestimmte Vorübungen gemacht werden, durch welche der Schüler auf eine gewisse innere charaktervolle Moral gestellt wird. [Es folgt die Beschreibung der Nebenübungen.]

(Wien, 22. Februar 1907)

Sie haben gesehen, wie in der Tat als eine Wirklichkeit eine Art von Kraft im physischen Leib entsteht, die ihn befähigt, sich gleichsam zu zerteilen; er bleibt aber doch zusammen, er gibt nicht nach, weil hier in unserem Menschheitszyklus die okkulte Übung nicht so weit gehen darf, dass es zur Schädigung des physischen Leibes führt. Aber es gibt doch eine Stärke der okkulten Entwicklung, welche bis an die Möglichkeit heranführt, dass der physische und der Ätherleib sich innerliche Zerstörungskräfte heranerziehen; und im Grunde genommen ist das immer da, wenn der Mensch die Begegnung mit dem Hüter der Schwelle hat. Diese Begegnung mit dem Hüter der Schwelle ist gar nicht möglich, ohne dass man vor der Gefahr steht, in gewisser Beziehung Zerstörungskräfte einzupflanzen seinem physischen und ätherischen Leibe; aber eine jede richtige okkulte Entwicklung schafft zugleich die Gegenmittel, und diese Gegenmittel sind gegeben in dem, was Sie in meiner *Geheimwissenschaft* als die sechs okkulten Nebenübungen bezeichnet finden: Gedankenkonzentration, das heißt starkes Anspannen seiner Gedanken, konzentriertes Zusammenfassen seiner Gedanken; Herausentwicklung einer gewissen Initiative des Willens, eines gewissen Gleichmaßes von Lust und Leid, eine gewisse Positivität im Verhalten zur Welt, einer gewissen Unbefangenheit. Wer diese Eigenschaften in seiner Seele parallel der okkulten Entwicklung heranerzieht, bei dem entwickeln sich allerdings auf der einen Seite eine Art Bestreben des physischen und ätherischen Leibes, zu zerbrechen, das heißt, Todeskeime unter dem Einflusse der okkulten Entwicklung aufzunehmen; aber in dem gleichen Maße, wie sich das entwickelt, wird es aufgehoben, so dass es eigentlich nie wirksam ist, wenn der Mensch die genannten Eigenschaften entwickelt oder durch seine moralische Entwicklung ohnedies schon genug hat an Eigenschaften, die diesen sechs Eigenschaften gleichkommen.

(Den Haag, 29. März 1913)

DIE NEBENÜBUNGEN UND DIE ANTHROPOSOPHISCHE GESELLSCHAFT

Wenn Sie nachlesen in meinem Buch *Wie erlangt man Erkenntnisse der höheren Welten?*, so finden Sie da unter den mancherlei Übungen für die menschliche Seele, die da angeführt werden, auch sechs Übungen, die in gewissen Perioden gemacht werden sollen. Eine von diesen Übungen ist die Pflege einer völligen Unbefangenheit gegenüber den Gebieten des Lebens. Ja, meine lieben Freunde, diese sechs Tugenden braucht schon in ihrer Gänze die Anthroposophische Gesellschaft selbst, und es muss angestrebt werden, dass die Anthroposophische Gesellschaft als solche diese Tugenden habe.

(Stuttgart, 23. Januar 1923)

ANHANG

QUELLEN, HINWEISE

Die Werke Rudolf Steiners werden mit der Band-Nummer innerhalb der Rudolf Steiner Gesamtausgabe (GA), Rudolf Steiner Verlag, Dornach, nachgewiesen.

Erwähnte Bände der Rudolf Steiner Gesamtausgabe:

10	*Wie erlangt man Erkenntnisse der höheren Welten?*
12	*Die Stufen der höheren Erkenntnis*
13	*Die Geheimwissenschaft im Umriss*
52	*Spirituelle Seelenlehre und Weltbetrachtung*
53	*Ursprung und Ziel des Menschen*
54	*Die Welträtsel und die Anthroposophie*
88	*Über die astrale Welt und das Devachan*
94	*Kosmogonie*
95	*Vor dem Tore der Theosophie*
97	*Das christliche Mysterium*
98	*Natur- und Geistwesen – ihr Wirken in unserer sichtbaren Welt*
99	*Die Theosophie des Rosenkreuzers*
100	*Menschheitsentwickelung und Christus-Erkenntnis*
145	*Welche Bedeutung hat die okkulte Entwicklung des Men-*

schen auf seine Hüllen (physischer Leib, Ätherleib, Astralleib) und sein Selbst?

185 *Geschichtliche Symptomatologie*

189 *Die soziale Frage als Bewusstseinsfrage*

193 *Der innere Aspekt des sozialen Rätsels*

211 *Das Sonnenmysterium und das Mysterium von Tod und Auferstehung*

257 *Anthroposophische Gemeinschaftsbildung*

266/1 *Aus den Inhalten der esoterischen Stunden. Gedächtnisaufzeichnungen von Teilnehmern. Band I: 1904–1909*

266/2 *Aus den Inhalten der esoterischen Stunden. Gedächtnisaufzeichnungen von Teilnehmern. Band II: 1910–1912*

266/3 *Aus den Inhalten der esoterischen Stunden. Gedächtnisaufzeichnungen von Teilnehmern. Band III: 1913 und 1914; 1920–1923*

267 *Seelenübungen Band I. Übungen mit Wort- und Sinnbild-Meditationen zur methodischen Entwicklung höherer Erkenntniskräfte, 1904–1924*

ERÖFFNUNG

zu Seite

15 *Von einer sachgemäßen Schulung:* GA 13, S. 329 f. – Nach dem Erscheinen der *Geheimwissenschaft im Umriss* hat Rudolf Steiner für die Nebenübungen zumeist auf diese Schrift verwiesen. Grundlegende Ausführungen zu dem von Rudolf Steiner gegebenen Erkenntnisweg finden sich in dem Kapitel «Die Erkenntnis der höheren Welten» desselben Buches sowie in: *Wie erlangt man Erkenntnisse der höheren Welten?*, GA 10.

In dem Folgenden werden die Bedingungen dargestellt: Der Wortlaut entstammt dem von Rudolf Steiner im Oktober 1906 zur Vervielfältigung für seine esoterischen

Schüler niedergeschriebenen Text mit dem Titel: «Allgemeine Anforderungen, die ein jeder an sich selbst stellen muss, der eine okkulte Entwicklung durchmachen will». Er ist enthalten in GA 267, S. 55.

ERSTE NEBENÜBUNG

19 *Was dem Denken des Menschen für die Geistesschulung:* GA 13, S. 330 f.

21 *Das Erste, was in dieser Beziehung:* GA 10, S. 127 f. – Die Schrift *Wie erlangt man Erkenntnisse der höheren Welten?* erschien zuerst in der von Rudolf Steiner und Marie von Sivers herausgegebenen Zeitschrift *Lucifer – Gnosis*, Nr. 13–28 (Juni 1904 – September 1905), in Fortsetzung. Die Angaben zu den Nebenübungen sind in Nr. 21, Februar 1905, enthalten. Der Abdruck hier folgt der Ausgabe letzter Hand, GA 10.

Lotusblume: Die sieben geistigen Organe des Menschen, auch Chakra (Chakram) genannt (Sanskrit für «Rad»). Vgl. z. B. GA 10, S. 116 ff. «Das Organ in der Nähe des Kehlkopfes hat sechzehn ‹Blumenblätter› oder ‹Radspeichen›, das in der Nähe des Herzens deren zwölf, das in der Nachbarschaft der Magengrube liegende deren zehn.» (A. a. O., S. 118)

22 *Kontrolle der Gedankenwelt erreicht man:* GA 12, S. 30 f. – Die in der Schrift *Die Stufen der höheren Erkenntnis* gesammelten Aufsätze erschienen zuerst in der von Rudolf Steiner und Marie von Sivers herausgegebenen Zeitschrift *Lucifer – Gnosis*, Nr. 29, 30, 32, 34 und 35 (Oktober 1905 – Mai 1908). Die Angaben zu den Nebenübungen sind in Nr. 30 enthalten, die kein Erscheinungsdatum trägt, aber Anfang 1906 erschienen sein muss. Der Abdruck hier folgt der Ausgabe letzter Hand, GA 12.

23 *a) Gedankenkontrolle. Der Chela darf sich nicht gestatten:* Vortrag Berlin-Schlachtensee, Sommer 1903, GA 88, S. 177. – *Chela (Tschela):* Bei den Theosophen damals

gebräuchliche indische Bezeichnung für den (Geistes-) Schüler.

23 *Dann müssen wir eine Reihe von Eigenschaften entwickeln:* Vortrag Berlin, 7. Dezember 1905, GA 54, S. 213.

24 *Heute ist der Mensch jedem Einfall hingegeben:* Vortrag Berlin, 19. April 1906, GA 54, S. 470.

Erstens: Seine Gedankenkraft auf ein einziges Objekt richten: Vortrag Paris, 30. Mai 1906, GA 94, S. 44.

Erstens: Gedankenkontrolle, das heißt der Schüler darf nur: Vortrag Leipzig, 9. Juli 1906, GA 94, S. 172.

Gedankenkontrolle. Sie besteht darin: Vortrag Stuttgart, 2. September 1906, GA 95, S. 117.

25 *Erstens: Abgewöhnung eines irrlichtelierenden Denkens:* Vortrag Basel, 19. September 1906, GA 97, S. 183 f.

Erstens muss er sich die Fähigkeit: Vortrag Wien, 22. Februar 1907, GA 97, S. 244.

26 *Da ist eines, was man von Anfang an üben muss:* Vortrag Kassel, 29. Juni 1907, GA 100, S. 202.

Rosenkreuzerschüler: Zum Verhältnis Rosenkreuzer und Theosophie/Anthroposophie vgl. etwa GA 99, den Zyklus «Theosophie und Rosenkreuzertum» in GA 100 und die Sonderausgabe *Anthroposophie und Rosenkreuzertum* im Rudolf Steiner Verlag.

Wenn es heißt: Du musst dich hinsetzen: Vortrag Wien, 7. November 1907, GA 98, S. 32.

27 *Gedankenkonzentration, das heißt starkes Anspannen seiner Gedanken:* Vortrag Den Haag, 29. März 1913, GA 145, S. 193.

Die erste Bedingung ist die Aneignung: Entwicklung GA 267, S. 55 f.

29 *Die Erste dieser Nebenübungen:* Gedächtnisaufzeich-

nung der Esoterischen Stunde Stuttgart, 20. Januar 1907, GA 266/1, S. 194.

29 *Die erste Nebenübung ist:* Gedächtnisaufzeichnung der Esoterischen Stunde Berlin, 29. Januar 1907, GA 266/1, S. 202.

30 *1. Gedankenkontrolle: Wenigstens fünf Minuten:* Gedächtnisaufzeichnung der Esoterischen Stunde München, 6. Juni 1907, GA 266/1, Aufzeichnung A: S. 232 f.

31 *1. Gedankenkontrolle: Man nimmt sich dazu einen unbedeutenden Gegenstand:* Gedächtnisaufzeichnung der Esoterischen Stunde München, 6. Juni 1907, GA 266/1, Aufzeichnung B: S. 238 f.

1. Konzentration: Man nehme einen Gegenstand: Gedächtnisaufzeichnung der Esoterischen Stunde Stuttgart, 13. August 1908, GA 266/1, S. 418.

32 *Woher kommt es denn:* Gedächtnisaufzeichnung der Esoterischen Stunde Leipzig, 2. Januar 1914, GA 266/3, Aufzeichnung A: S. 241.

33 *I. Durch konzentriertes Denken, durch unsere Konzentrationsübungen:* Gedächtnisaufzeichnung der Esoterischen Stunde Leipzig, 2. Januar 1914, GA 266/3, Aufzeichnung C: S. 249. Vergleiche auch Aufzeichnung D derselben Stunde: S. 251.

Wenn man bei der Konzentration: Gedächtnisaufzeichnung der Esoterischen Stunde Hannover, 7. Februar 1914, GA 266/3, S. 258.

Zur Übung der Gedankenkontrolle vergleiche auch die Ausführungen in den Esoterischen Stunden Berlin, 8., 15. und 21. Februar 1904 sowie 14. März 1904, enthalten in GA 266/1.

37 *Wie Herrscher in der Gedankenwelt:* GA 13, 30. S. 331 f.

38 *Ein Zweites ist, eine ebensolche Folgerichtigkeit:* GA 10, S. 128.

39 *Kontrolle der Handlungen besteht in einer ähnlichen Regelung:* GA 12, S. 31.

b) Kontrolle der Handlungen: Der Mensch lebt und handelt: Vortrag Berlin-Schlachtensee, Sommer 1903, GA 88, S. 177 f.

40 *Das Zweite ist, dass wir uns in ähnlicher:* Vortrag Berlin, 7. Dezember 1905, GA 54, S. 213 f.

Aus eigener Initiative Handlungen vollbringen: Vortrag Berlin, 19. April 1906, GA 54, S. 470.

Zweitens: Ebenso handeln in Hinsicht auf alle Tätigkeiten: Vortrag Paris, 30. Mai 1906, GA 94, S. 44.

41 *Zweitens: Initiative in den Handlungen:* Vortrag Leipzig, 9. Juli 1906, GA 94, S. 172.

Initiative des Handelns, das heißt: Vortrag Stuttgart, 2. September 1906, GA 95, S. 118.

Zweitens: Initiative des Handelns: Vortrag Basel, 19. September 1906, GA 97, S. 184.

42 *Erforderlich ist zweitens die Initiative der Handlung:* Vortrag Wien, 22. Februar 1907, GA 97, S. 244.

Dann muss man dazu übergehen: Vortrag Wien, 7. November 1907, GA 98, S. 33.

43 *Herausentwicklung einer gewissen Initiative:* Vortrag Den Haag, 29. März 1913, GA 145, S. 193 f.

Hat man sich etwa einen Monat: GA 267, S. 56 f.

44 *Das Zweite ist Initiative der Handlungen:* Gedächtnisaufzeichnung der Esoterischen Stunde Stuttgart, 20. Januar 1907, GA 266/1, S. 194.

44 *Zum Zweiten sollen wir:* Gedächtnisaufzeichnung der Esoterischen Stunde Berlin, 29. Januar 1907, GA 266/1, S. 202.

45 *2. Initiative des Handelns: Dazu muss man:* Gedächtnisaufzeichnung der Esoterischen Stunde München, 6. Juni 1907, GA 266/1, Aufzeichnung A: S. 233.

2. Initiative der Handlungen: Einige meiner Schüler: Gedächtnisaufzeichnung der Esoterischen Stunde München, 6. Juni 1907, GA 266/1, Aufzeichnung B: S. 239.

46 *2. Übung des Willens. Man nehme sich vor:* Gedächtnisaufzeichnung der Esoterischen Stunde Stuttgart, 13. August 1908, GA 266/1, S. 418.

Ferner müssen wir dahin gelangen: Gedächtnisaufzeichnung der Esoterischen Stunde Leipzig, 2. Januar 1914, GA 266/3, Aufzeichnung A: S. 241 f.

48 *II. Durch die Initiative des Handelns:* Gedächtnisaufzeichnung der Esoterischen Stunde Leipzig, 2. Januar 1914, GA 266/3, Aufzeichnung C: S. 249. Vergleiche auch Aufzeichnung D derselben Stunde: S. 251.

49 *Bei der zweiten Nebenübung:* Gedächtnisaufzeichnung der Esoterischen Stunde Hannover, 7. Februar 1914, GA 266/3, S. 258.

DRITTE NEBENÜBUNG

53 *In Bezug auf die Gefühlswelt:* GA 13, S. 332–334.

55 *Das Sechste ist die Erwerbung eines gewissen Lebensgleichgewichtes:* GA 10, S. 129. – Hier nimmt die dritte Übung in der Reihenfolge den Platz der sechsten Übung ein.

Ertragsamkeit ist das Entfernthalten von jener Stimmung: GA 12, S. 31 f.

56 *d) Duldsamkeit: Glück oder Unglück:* Vortrag Berlin-Schlachtensee, Sommer 1903, GA 88, S. 178. – Hier

steht die sonst als dritte angeführte Übung an vierter Stelle.

56 *Das Folgende, das Dritte:* Vortrag Berlin, 7. Dezember 1905, GA 54, S. 214.

57 *Ertragsamkeit: sicher und fest stehen:* Vortrag Berlin, 19. April 1906, GA 54, S. 470.

Drittens: Das seelische Gleichgewicht: Vortrag Paris, 30. Mai 1906, GA 94, S. 44.

Drittens: Innere Gelassenheit: Vortrag Leipzig, 9. Juli 1906, GA 94, S. 172.

Gelassenheit. Das dritte, um was es sich handelt: Vortrag Stuttgart, 2. September 1906, GA 95, S. 118.

58 *Drittens soll der Schüler:* Vortrag Basel, 19. September 1906, GA 97, S. 184.

Drittens muss man Herr über Lust und Leid: Vortrag Wien, 22. Februar 1907, GA 97, S. 244.

59 *Dann muss sich der Mensch:* Vortrag Wien, 7. November 1907, GA 98, S. 33.

eines gewissen Gleichmaßes von Lust und Leid: Vortrag Den Haag, 29. März 1913, GA 145, S. 194.

60 *Im dritten Monat soll eine neue Übung:* GA 267, S. 57 f.

61 *Drittens Überwindung von Lust und Unlust:* Gedächtnisaufzeichnung der Esoterischen Stunde Stuttgart, 20. Januar 1907, GA 266/1, S. 194.

Im dritten Monat oder nach der zweiten Zeit: Gedächtnisaufzeichnung der Esoterischen Stunde Berlin, 29. Januar 1907, GA 266/1, S. 202 f.

3. Erhabensein über Lust und Leid: Gedächtnisaufzeichnung der Esoterischen Stunde München, 6. Juni 1907, GA 266/1, Aufzeichnung A: S. 233.

62 *3. Überwindung von Lust und Leid:* Gedächtnisaufzeich-

nung der Esoterischen Stunde München, 6. Juni 1907, GA 266/1, Aufzeichnung B: S. 239.

62 3. *Ausbilden einer Gleichmütigkeit:* Gedächtnisaufzeichnung der Esoterischen Stunde Stuttgart, 13. August 1908, GA 266/1, S. 418.

63 *Wir sollen Karma nicht nur theoretisch glauben:* Gedächtnisaufzeichnung der Esoterischen Stunde Karlsruhe, 14. Oktober 1911, GA 266/2, S. 232.

Um unseres Astralleibes bewusst zu werden: Gedächtnisaufzeichnung der Esoterischen Stunde Leipzig, 2. Januar 1914, GA 266/3, Aufzeichnung A: S. 243.

64 *III. Um uns unseres Astralleibes bewusst zu werden:* Gedächtnisaufzeichnung der Esoterischen Stunde Leipzig, 2. Januar 1914, GA 266/3, Aufzeichnung C: S. 249 f. Vergleiche auch Aufzeichnung D derselben Stunde: S. 251.

65 *Bei der dritten Nebenübung:* Gedächtnisaufzeichnung der Esoterischen Stunde Hannover, 7. Februar 1914, GA 266/3, S. 258 f. – Die Aufzeichnung dieser esoterischen Stunde enthält lediglich die Beschreibung der ersten drei Nebenübungen.

die zwei ersten Sätze unseres Rosenkreuzerspruches: Rudolf Steiner zitiert den auf die *Fama Fraternitatis* von 1614 zurückgehenden lateinischen Spruch vielfach; im Vortrag Wien, 11. Juni 1922, GA 211, S. 217 übersetzt er ihn folgendermaßen: «Ex Deo nascimur – aus Gott sind wir geboren. / In Christo morimur – in Christo sterben wir. / Per Spiritum Sanctum reviviscimus – durch den heiligen Geist werden wir wiedererwachen im Geistselbst.»

VIERTE NEBENÜBUNG

69 *Für das Denken und Fühlen:* GA 13, 30. Auflage 1989, Seite 334 f.

69 *Es gibt eine schöne Legende:* Die im Zusammenhang mit der vierten Nebenübung von Rudolf Steiner immer wieder angeführte persische Legende findet sich bei Goethe in *Westöstlicher Divan*, Noten und Abhandlungen. Hier zit. n. Goethes Werke, Hamburger Ausgabe, Band 2, Seite 163, Verlag C.H. Beck München, 15. Auflage 1994:

«Herr Jesus, der die Welt durchwandert,
Ging einst an einem Markt vorbei;
Ein toter Hund lag auf dem Wege,
Geschleppet vor des Hauses Tor,
Ein Haufe stand ums Aas umher,
Wie Geier sich um Äser sammeln.
Der eine sprach: ‹Mir wird das Hirn
Von dem Gestank ganz ausgelöscht.›
Der andre sprach: ‹Was braucht es viel,
Der Gräber Auswurf bringt nur Unglück.›
So sang ein jeder seine Weise,
Des toten Hundes Leib zu schmähen.
Als nun an Jesus kam die Reih',
Sprach, ohne Schmähn, er guten Sinns,
Er sprach aus gütiger Natur:
‹Die Zähne sind wie Perlen weiß.›
Dies Wort macht den Umstehenden,
Durchglühten Muscheln ähnlich, heiß.»

70 *Das Vierte ist die Duldsamkeit:* GA 10, S. 128 f.

Eine ganz besonders wichtige Eigenschaft: GA 12, S. 32 f.

71 *c) Toleranz. Der Chela wird sich nicht:* Vortrag Berlin-Schlachtensee, Sommer 1903, GA 88, S. 178. – Hier wird die sonst vierte Übung in der Reihenfolge als dritte Nebenübung angeführt.

Das Vierte ist das Verständnis: Vortrag Berlin, 7. Dezember 1905, GA 54, S. 214.

72 *Weiter muss sich der Mensch:* Vortrag Berlin, 19. April 1906, GA 54, S. 470 f.

73 *Viertens: Die Positivität. Der seelische Zustand:* Vortrag Paris, 30. Mai 1906, GA 94, S. 44.

73 *Positivität, die erlaubt, jedem Ding:* Vortrag Paris, 6. Juni 1906, GA 94, S. 68.

74 *Viertens: In allen Dingen und Vorgängen:* Vortrag Leipzig, 9. Juli 1906, GA 94, S. 172.

Unbefangenheit. Das Vierte ist, was man als: Vortrag Stuttgart, 2. September 1906, GA 95, S. 118 f.

Viertens: Eine persische Legende: Vortrag Basel, 19. September 1906, GA 97, S. 184 f.

75 *Viertens ist die Positivität notwendig:* Vortrag Wien, 22. Februar 1907, GA 97, S. 244 f.

Das andere ist das, was man nennt «Positivität»: Vortrag Kassel, 29. Juni 1907, GA 100, S. 202 f. – In diesem Vortrag schildert Rudolf Steiner lediglich die Konzentration des Gedankenlebens sowie die Positivität als Übungen.

76 *Eine vierte Übung ist die:* Vortrag Wien, 7. November 1907, GA 98, S. 33 f.

77 *eine gewisse Positivität:* Vortrag Den Haag, 29. März 1913, GA 145, S. 194.

Im vierten Monat soll man als neue Übung: GA 267, S. 58 f.

80 *Viertens: Positivität in allem suchen:* Gedächtnisaufzeichnung der Esoterischen Stunde Stuttgart, 20. Januar 1907, GA 266/1, S. 194.

Nach der dritten Zeit bildet man in seiner Seele: Gedächtnisaufzeichnung der Esoterischen Stunde Berlin, 29. Januar 1907, GA 266/1, S. 203.

4. Positivität: Man soll in allem: Gedächtnisaufzeichnung der Esoterischen Stunde München, 6. Juni 1907, GA 266/1, Aufzeichnung A: S. 233 f.

4. Positivität: Was damit gemeint ist: Gedächtnisaufzeichnung der Esoterischen Stunde München, 6. Juni 1907, GA 266/1, Aufzeichnung B: S. 239 f.

81 *4. Das Schauen des Schönen und Wahren:* Gedächtnisaufzeichnung der Esoterischen Stunde Stuttgart, 13. August 1908, GA 266/1, S. 418.

Schließlich muss ich auch noch dazu kommen: Gedächtnisaufzeichnung der Esoterischen Stunde Leipzig, 2. Januar 1914, GA 266/3, Aufzeichnung A: S. 243 f.

82 *IV. Unseres Ichs werden wir uns bewusst:* Gedächtnisaufzeichnung der Esoterischen Stunde Leipzig, 2. Januar 1914, GA 266/3, Aufzeichnung C: S. 250. Vergleiche auch Aufzeichnung D derselben Stunde: S. 251.

Vergleiche die vierte Nebenübung mit Rudolf Steiners Ausführungen über «Duldsamkeit», «Toleranz», «Positivität» und «Verständnis» in den Vorträgen: Berlin, 4. Januar 1904, in GA 52; Berlin, 23. November 1905, in GA 54; Dornach, 25. Oktober 1918, in GA 185; Dornach, 16. Februar 1919, in GA 189; Zürich, 11. Februar 1919, in GA 193.

FÜNFTE NEBENÜBUNG

85 *Das Denken in Verbindung mit dem Willen:* GA 13, S. 335.

86 *Das Fünfte ist die Unbefangenheit:* GA 10, S. 129.

Weiter ist bedeutsam, die Eigenschaft der «Unbefangenheit»: GA 12, S. 33.

87 *e) Glaube. Der Chela soll das freie:* Vortrag Berlin-Schlachtensee, Sommer 1903, GA 88, S. 178.

88 *Die fünfte Eigenschaft ist:* Vortrag Berlin, 7. Dezember 1905, GA 54, S. 215.

Fünftens: Die Unbefangenheit. Die geistige Offenheit: Vortrag Paris, 30. Mai 1906, GA 94, S. 44.

eine von Vorurteilen freie Gesinnung: Vortrag Paris, 6. Juni 1906, GA 94, S. 68.

89 *Fünftens: Unbefangenheit und Vorurteilslosigkeit:* Vortrag Leipzig, 9. Juli 1906, GA 94, S. 172.

89 *Glaube. Das nächste ist der Glaube:* Vortrag Stuttgart, 2. September 1906, GA 95, S. 119.

90 *Fünftens ist völlige Freiheit von Vorurteilen:* Vortrag Basel, 19. September 1906, GA 97, S. 185.

Fünftens muss die absolute Unbefangenheit: Vortrag Wien, 22. Februar 1907, GA 97, S. 245.

Das Fünfte ist, dass der Mensch: Vortrag Wien, 7. November 1907, GA 98, S. 34.

91 *Im fünften Monat versuche man:* GA 267, S. 60.

93 *Fünftens: Unbefangenheit gegenüber allen Erfahrungen:* Gedächtnisaufzeichnung der Esoterischen Stunde Stuttgart, 20. Januar 1907, GA 266/1, S. 194.

Im fünften Monat übe man sich darin: Gedächtnisaufzeichnung der Esoterischen Stunde Berlin, 29. Januar 1907, GA 266/1, S. 203.

5. Unbefangenheit. Man soll sich beweglich halten: Gedächtnisaufzeichnung der Esoterischen Stunde München, 6. Juni 1907, GA 266/1, Aufzeichnung A: S. 234.

94 *5. Unbefangenheit: Unbefangen ist man, wenn:* Gedächtnisaufzeichnung der Esoterischen Stunde München, 6. Juni 1907, GA 266/1, Aufzeichnung B: S. 240.

5. Fortwährendes Offensein, Neues zu lernen: Gedächtnisaufzeichnung der Esoterischen Stunde Stuttgart, 13. August 1908, GA 266/1, S. 418 f.

Auf der fünften Stufe entwickeln wir: Gedächtnisaufzeichnung der Esoterischen Stunde Leipzig, 2. Januar 1914, GA 266/3, Aufzeichnung A: S. 244 f.

95 *V. Und durch Unbefangenheit oder Vertrauen:* Gedächtnisaufzeichnung der Esoterischen Stunde Leipzig, 2. Januar 1914, GA 266/3, Aufzeichnung C: S. 250. Vergleiche auch Aufzeichnung D derselben Stunde: S. 251.

96 *Durch Unbefangenheit, Vorurteilslosigkeit Geistselbst:* Gedächtnisaufzeichnung der Esoterischen Stunde Leipzig, 2. Januar 1914, GA 266/3, Aufzeichnung D: S. 251.

SECHSTE NEBENÜBUNG

99 *Damit sind fünf Eigenschaften der Seele genannt:* GA 13, S. 336.

Das Dritte ist die Erziehung zur Ausdauer: GA 10, S. 128. – Hier nimmt die sechste Übung in der Reihenfolge den Platz der dritten Übung ein.

100 *Wenn die bisher genannten fünf Eigenschaften:* GA 12, S. 33 f.

f) Gleichgewicht. Die letzte seelische Fähigkeit: Vortrag Berlin-Schlachtensee, Sommer 1903, GA 88, S. 178.

101 *Die sechste Eigenschaft ist:* Vortrag Berlin, 7. Dezember 1905, GA 54, S. 215.

Sechstens. Das innere Gleichgewicht, das aus allen diesen: Vortrag Paris, 30. Mai 1906, GA 94, S. 44.

und schließlich die Harmonie des Seelenlebens: Vortrag Paris, 6. Juni 1906, GA 94, S. 68.

Sechstens: Inneres Gleichgewicht und innere Harmonie: Vortrag Leipzig, 9. Juli 1906, GA 94, S. 172.

Inneres Gleichgewicht. Und dann folgt als nächste Eigenschaft: Vortrag Stuttgart, 2. September 1906, GA 95, S. 119.

102 *Sechstens: Entwicklung zur Seelenharmonie:* Vortrag Basel, 19. September 1906, GA 97, S. 185.

Die sechste Stufe besteht in der Harmonisierung der fünf Eigenschaften: Vortrag Wien, 22. Februar 1907, GA 97, S. 245.

102 *Im sechsten Monat soll man dann versuchen:* GA 267, S. 60 f.

103 *Sechstens: alle fünf Übungen:* Gedächtnisaufzeichnung der Esoterischen Stunde Stuttgart, 20. Januar 1907, GA 266/1, S. 194.

In der sechsten Zeit sollen dann: Gedächtnisaufzeichnung der Esoterischen Stunde Berlin, 29. Januar 1907, GA 266/1, S. 203.

6. Gleichgewicht: Die fünf vorhergehenden Empfindungen: Gedächtnisaufzeichnung der Esoterischen Stunde München, 6. Juni 1907, GA 266/1, Aufzeichnung A: S. 234.

6. Harmonie bringen in die fünf Stufen: München, 6. Juni 1907, GA 266/1, Aufzeichnung B: S. 240.

104 *6. Diese Übung ist eine Kombination der vorhergehenden:* Gedächtnisaufzeichnung der Esoterischen Stunde Stuttgart, 13. August 1908, GA 266/1, S. 419.

Weiter zu gehen ist für den Menschen nicht nötig: Gedächtnisaufzeichnung der Esoterischen Stunde Leipzig, 2. Januar 1914, GA 266/3, Aufzeichnung A: S. 245.

ZU DEN SECHS NEBENÜBUNGEN

107 *Die charakterisierten Übungen sind durch die Methoden:* GA 13, S. 336 f.

108 *Es handelt sich für den Okkultisten:* Vortrag Paris, 30. Mai 1906, GA 94, S. 43 f.

Die Nebenübungen bilden die für den physischen Plan: Gedächtnisaufzeichnung der Esoterischen Stunde Mannheim, 10. März 1911, GA 266/2, S. 158. Vergleiche den ähnlichen Wortlaut der Esoterischen Stunde Mannheim, 10. März 1912 im selben Band S. 344.

108 *Es darf uns nicht beherrschen die Gier:* Gedächtnisaufzeichnung der Esoterischen Stunde Frankfurt, 10. März 1912, GA 266/2, S. 347.

109 *Nicht minder wichtig aber ist:* Gedächtnisaufzeichnung der Esoterischen Stunde Kristiania (Oslo), 7. Juni 1912, GA 266/2, S. 381.

Wozu ist die Schule da?: Gedächtnisaufzeichnung der Esoterischen Stunde Kristiania (Oslo), 9. Juni 1912, GA 266/2, S. 386.

110 *Diese Übungen sind von allergrößter Wichtigkeit:* Gedächtnisaufzeichnung der Esoterischen Stunde Leipzig, 2. Januar 1914, GA 266/3, Aufzeichnung A: S. 245.

111 *In der Geisteswissenschaft wird von* vier *Eigenschaften gesprochen:* GA 10, S. 145 f. – Hier werden die Nebenübungen in einer von den anderen Darstellungen abweichenden Reihenfolge angeführt: Die dritte nimmt den Platz der sonst sechsten Übung ein und umgekehrt. – Der entsprechende Abschnitt erschien zuerst in *Lucifer – Gnosis*, Nr. 22, März 1905.

Von den sechs Tugenden: GA 10, S. 147. – Zuerst in *Lucifer – Gnosis*, Nr. 22, März 1905.

112 *Ich will nun noch von der zwölfblättrigen Lotusblume:* Vortrag Berlin, 16. März 1905, GA 53, S. 265 f.

Angelus Silesius: Johannes Scheffler, genannt Angelus Silesius («Schlesischer Bote», 1624–1677), religiöser Dichter und Denker. In seinem *Cherubinischen Wandersmann* wird der Begriff der Gelassenheit in seiner vielfachen Bedeutung erkundet.

113 *Der Mensch besitzt noch eine andere Lotusblume:* Vortrag Paris, 6. Juni 1906, GA 94, S. 68 f.

114 *Die Nebenübungen: Wir müssen hier wieder mit dem Denken beginnen:* Gedächtnisaufzeichnung der Esoterischen Stunde Stuttgart, 20. Januar 1907, GA 266/1, S. 194.

114 *Diese Übungen brauchen nicht gerade je einen Monat:* Gedächtnisaufzeichnung der Esoterischen Stunde München, 6. Juni 1907, GA 266/1, Aufzeichnung A: S. 234.

115 *Die sechs Stufen der Nebenübungen:* Gedächtnisaufzeichnung der Esoterischen Stunde München, 6. Juni 1907, GA 266/1, Aufzeichnung B: S. 238.

116 *Noch einmal muss zweierlei eingeschärft werden:* GA 267, S. 61.

Hat der Mensch diese Eigenschaften in sich entwickelt: Vortrag Berlin, 7. Dezember 1905, GA 54, S. 215 f.

117 *Zu den Voraussetzungen eines jeden höheren Strebens:* Vortrag Berlin, 26. Februar 1906, GA 94, S. 203.

Wenn der Mensch heute: Vortrag Berlin, 19. April 1906, GA 54, S. 469 f.

118 *Die vorgeschriebenen Tugenden sind dazu da:* A. a. O., S. 471.

Der Schlaf ist der Ausgangspunkt: Vortrag Leipzig, 9. Juli 1906, GA 94, S. 171 f.

119 *Wenn der Mensch diese Eigenschaften:* A. a. O., S. 172.

Beginnt man, den Weg zu gehen: Vortrag Wien, 22. Februar 1907, GA 97, S. 243 f.

120 *Sie haben gesehen, wie in der Tat:* Vortrag Den Haag, 29. März 1913, GA 145, S. 193 f.

122 *Wenn Sie nachlesen in meinem Buch:* Vortrag Stuttgart, 23. Januar 1923, GA 257, S. 25.

LITERATUR ZUM THEMA AUS DEM WERK RUDOLF STEINERS

GA = Rudolf Steiner Gesamtausgabe
Tb = Rudolf Steiner Taschenbücher

In gleicher Ausstattung wie dieses Bändchen liegen vor

Meditationen für Tag und Jahr
Abend und Morgen / Tag für Tag – der Wochenrhythmus / Von Woche zu Woche – Der Jahrslauf (mit Anthroposophischem Seelenkalender) / Monat um Monat – Das kosmische Jahr / Jahrszeiten und Feste

Anthroposophie. Ein Erkenntnisweg in 185 Stationen
Die Anthroposophischen Leitsätze als Meditationsweg

Ich bin. Meditationen für den Alltag
Erkenne dich selbst / Ich bin / Schicksal und Aufgabe / Ermutigung und Schutz / Vergängnis und Licht

Beten mit Kindern

Mitten im Leben. Meditationen für Verstorbene

Schriften

Wie erlangt man Erkenntnisse der höheren Welten? (1904/05)
Ausführliche Darstellung des anthroposophischen Schulungsweges
GA 10 / Tb 600

Die Stufen der höheren Erkenntnis (1905–1908)
Schließt an die Ausführungen in «Wie erlangt man Erkenntnisse der höheren Welten?» an und führt diese für die höheren Erkenntnisgebiete der Imagination, Inspiration und Intuition weiter
GA 12 / Tb 641

Ein Weg zur Selbsterkenntnis des Menschen. In acht Meditationen (1912)
Meditative Einführung in das Wesen des Menschen, die geistigen Welten und die wiederholten Erdenleben
GA 16 / Tb 602 (zusammen mit GA 17)

Wahrspruchworte (ca. 1886–1925)
Rudolf Steiners Spruchdichtungen, Gedankenmantren und Widmungen
GA 40

Sprüche, Dichtungen, Mantren. Ergänzungsband
Enthält Nachträge zu GA 40, Handschriftenfaksimiles und ein Register aller Spruchdichtungen in der Gesamtausgabe
GA 40a

Vorträge

Zur Geschichte und aus den Inhalten der ersten Abteilung der Esoterischen Schule 1904 bis 1914
Briefe, Rundbriefe, Dokumente und Vorträge, mit Anweisungen für die individuelle innere Entwicklung, ausführlich kommentiert und erläutert von Hella Wiesberger
GA 264

Zur Geschichte und aus den Inhalten der erkenntniskultischen Abteilung der Esoterischen Schule von 1904 bis 1914
Briefe, Dokumente und Vorträge aus den Jahren 1906 bis 1914 und 1921 bis 1924. Während in der Esoterischen Schule vor allem Anweisungen für die individuelle innere Entwicklung vermittelt wurden (siehe GA 264), richtete Rudolf Steiner in diesem Arbeitskreis auch rituelle Handlungen ein
GA 265

Aus den Inhalten der esoterischen Stunden. Gedächtnisaufzeichnungen von Teilnehmern
Vorträg innerhalb der ersten esoterischen Schule, bei denen während der Stunden nicht mitgeschrieben werden durfte. Fragmentarische Aufzeichnungen der Teilnehmer aus dem Gedächtnis zu allgemeine Übungen, Erfahrungen auf dem Schulungsweg oder Lehrinhalten»

GA 266/I 1904–1909. Gedächtnisaufzeichnungen von Teilnehmern sowie Notizen von Vorträgen aus dem Jahre 1904 und Meditationstexte nach Niederschriften Rudolf Steiners
GA 266/II: 1910 1912. Gedächtnisaufzeichnungen von Teilnehmern
GA 266/III: 1913 und 1914; 1920–1923. Gedächtnisaufzeichnungen von Teilnehmern und Meditationstexte nach Niederschriften Rudolf Steiners

Seelenübungen. Band I. Übungen mit Wort- und Sinnbild-Meditationen zur methodischen Entwicklung höherer Erkenntniskräfte, 1904–1924
Allgemeine Regeln und Anforderungen für einen meditativen Übungsweg mit zahlreichen Meditationsübungen und -texten, ausführlich erläutert von Hella Wiesberger
GA 267

Mantrische Sprüche. Seelenübungen Band II, 1903–1925
Mantrische Sprüche und Meditationssätze, unter anderem zur Stärkung der Lebenskräfte, zur Hilfe für andere und zum Gedenken an Verstorbene; freie Übertragungen biblischer Texte; Ansprache zur Grundsteinlegung des Goetheanum vom 20. September 1913
GA 268

Die Rudolf Steiner Gesamtausgabe

Gliederung nach: Rudolf Steiner – Das literarische und künstlerische Werk. Eine bibliographische Übersicht (Bibliographie-Nrn. kursiv in Klammern)

A. SCHRIFTEN

I. Werke

Goethes Naturwissenschaftliche Schriften, eingeleitet und kommentiert von Rudolf Steiner, 5 Bände, 1884–1897, Nachdruck Dornach 1975, (1a–e); sep. Ausgabe der Einleitungen, 1925 (1)
Grundlinien e. Erkenntnistheorie d. Goetheschen Weltanschauung, 1886 (2)
Wahrheit und Wissenschaft. Vorspiel einer ‹Philosophie der Freiheit›, 1892 (3)
Die Philosophie der Freiheit, 1894(4)
Friedrich Nietzsche, ein Kämpfer gegen seine Zeit, 1895 (5)
Goethes Weltanschauung, 1897 (6)
Die Mystik im Aufgange des neuzeitlichen Geisteslebens, 1901 (7)
Das Christentum als mystische Tatsache, 1902 (8)
Theosophie, 1904 (9)
Wie erlangt man Erkenntnisse der höheren Welten? 1904/05 (10)
Aus der Akasha-Chronik, 1904–08 (11)
Die Stufen der höheren Erkenntnis, 1905–08 (12)
Die Geheimwissenschaft im Umriß, 1910 (13)
Vier Mysteriendramen: (14)
Die geistige Führung des Menschen und der Menschheit, 1911 (15)
Anthroposophischer Seelenkalender, 1912 (in 40)
Ein Weg zur Selbsterkenntnis des Menschen, 1912 (16)
Die Schwelle der geistigen Welt, 1913 (17)
Die Rätsel der Philosophie in ihrer Geschichte als Umriß dargestellt, 1914 (18)
Vom Menschenrätsel, 1916 (20)
Von Seelenrätseln, 1917 (21)
Goethes Geistesart in ihrer Offenbarung durch seinen Faust und durch das Märchen von der Schlange und der Lilie, 1918 (22)
Die Kernpunkte der Sozialen Frage (23)
Aufsätze über die Dreigliederung des sozialen Organismus, 1915–21 (24)
Drei Schritte der Anthroposophie: Philosophie, Kosmologie, Religion, 1922 (25)
Anthroposophische Leitsätze, 1924/25 (26)
Grundlegendes für eine Erweiterung der Heilkunst nach geisteswissenschaftlichen Erkenntnissen, 1925. Von Dr. R. Steiner und Dr. I. Wegman (27)
Mein Lebensgang, 1923–25 (28)

II. *Gesammelte Aufsätze (29–36)*

III. *Veröffentlichungen aus dem Nachlaß (38–47)*

B. DAS VORTRAGSWERK

I. Öffentliche Vorträge (51–84)

II. Vorträge vor Mitgliedern der Anthroposophischen Gesellschaft (91–270)

III. Vorträge und Kurse zu einzelnen Lebensgebieten (271–354)

C. DAS KÜNSTLERISCHE WERK

Originalgetreue Wiedergaben von malerischen und graphischen Entwürfen und Skizzen Rudolf Steiners in Kunstmappen oder als Einzelblätter. Entwürfe für die Malerei des Ersten Goetheanum – Schulungsskizzen für Maler – Programmbilder für Eurythmie-Aufführungen – Eurythmieformen – Entwürfe zu den Eurythmiefiguren – Wandtafelzeichnungen zum Vortragswerk, u.a.